圖解中日西式餐桌禮儀

和食・洋食・中国料理のよくわかるテーブルマナーBOOK

市川安夫

何姵儀 譯

前言

身處美食時代，每個人在餐廳或小餐館聚餐的機會也越來越多了。有時朋友會招待我們參加結婚喜宴或小型派對，有時則是公司的主管或前輩邀請我們吃飯，甚至是圍繞著學校那些令人想念的師長聚餐，場合可說是琳瑯滿目。

所謂聚餐，如同字面所示，意指各式各樣的人聚集在一起吃飯用餐，藉以敦親睦鄰、交流感情。

這時候最重要的，就是禮儀。

聚餐與一個人吃飯的時候不同，因為自己用餐的一舉一動都會受到旁人關注。如果是自己一個人吃飯的話，就不會在意他人的眼光，想怎麼吃就怎麼吃，也不會有人管的。但是與他人一起共餐的話，就不能如此隨心所欲了，因為這個時候大家都會希望與鄰座的人共享一頓愉快的餐會。

談到禮節，大家通常都會忍不住想到那是一連串嚴格又囉嗦的規矩，然而事實並非如此。想要與人共享一頓愉快的餐點，就必須懂得體諒並且稍微顧慮同席用餐的人。只顧著自己先吃完，或者完全不管別人吃完了沒，你是不是覺得這樣的情況並無不妥呢？

換成是你，坐在旁邊的人吃東西囫圇吞棗、吱吱嘖嘖地發出聲音，看到這樣情況的你，還會想跟那個人聊天嗎？好不容易可以享受一頓美食，但是這樣的情況是不是讓你感到吃到嘴裡的食物變得索然無味呢？

也就是說，想要讓共用餐點的每一個人享受一頓美好的宴會，就必須先學會用餐禮儀才行。

本書分為日式、西式與中式料理三個部分，從料理的基礎知識將基本的用餐禮儀加以彙整。不單是介紹用餐禮儀，還盡量解說這麼做的理由，以便加深大家對於這些禮儀的理解。常聽有人說，明知這是一頓非常難得的餐會，卻因為不懂得禮節而緊張到完全記不得自己吃了什麼。更令人意外的是，很多人根本就不敢在正式的場合裡用餐。出國旅遊的日本人雖然每年都在增加，但是在國外用餐的時候，對於用餐禮儀這方面卻比在日本吃飯時還要來得忐忑不安。

不管參加什麼樣的聚餐，都希望本書能夠派上用場，讓大家能夠放心地享受一頓美食。

日本禮節指導員　市川安夫

目次

西式料理篇

中式料理篇

日式料理篇

身為日本人，對日本人的飲食中心，也就是日式料理的餐桌禮儀看似非常了解，但是仔細想想卻非常陌生。有人說日式料理的禮儀始於筷子、終於筷子，由此可知其基本禮儀在於筷子的使用方式。只要牢記筷子的拿法，就等同於掌握了大半的餐桌禮儀。除此之外，一併了解代表日式料理的會席料理品嘗樂趣，以及傳統的茶懷石料理相關知識也助益良多。

第1章

日式宴會的基本禮儀

◆日式料理的禮儀

談到用餐禮儀，如果只是吃東西的時候態度美麗優雅其實是不夠的。這一點不光是在日本，應該算是世界通用。日式料理有日式料理的盛盤、用餐方式與禮儀，西式料理也有西式料理的用餐禮儀，只有遵守，才能夠享受一頓愉快又美味的佳餚。

日式料理的禮儀，雖然不是只有姿勢或動作等外在的表現，然而動作形式（作法，さほう）卻是入門的第一步，並且充滿體貼、溫柔與照顧等心思和精神，如此才能夠展現出美麗的姿勢與動作。

日本的餐桌禮儀除了優美的姿態，還包含了從內在締造健康、營養均衡的餐點。此外，負責烹調的人（廚師，烹調師）、提供服務的人（接待員，服務生），以及前來用餐的客人這三者，均必須站在其應處的立場來遵守規則，這才合乎禮儀。

廚師在烹調時有一定的規則，服務生則是有待客與供餐的禮法必須遵守。至於用餐的人（客人）則有用餐的餐桌禮儀要遵循，而且用餐時的姿勢與動作均要求優美，如此才能夠享用一頓愉快的餐點。

美麗優雅的用餐禮法是一顆不會讓人感到不愉快、溫柔體貼的心，同時也象徵著理解與友情。每個人的用餐習慣因國家與地方而異，更何況每個國家還有各自的禮法，以及必須遵守的規矩與禮儀。日式料理的用餐禮儀基礎，在於表達享用佳餚、吃得健康與對神的感謝，以及對於烹調料理者的關懷。加上人人都有機會與他人共同用餐，因此這幾點用餐禮儀「遲早」會成為世界共同遵守的標準。

◆受邀參加宴會的應對方式

要在宴會開始前十五分鐘抵達

受邀參加宴會時，盡量在邀請函指定時間的前十五分鐘抵達。如果是個人家庭邀請的話，只要在五至七分鐘前到達即可。太早的話反而顯得失禮。

規定時間前的十五分鐘可以先將個人的隨身用品放在寄物處、服務櫃檯或洗手間寄物櫃，甚至和邀請者打聲招呼。切記絕對不可以遲到。迫不得已晚到，而且宴會已經開始時，必須先向招待者行注目禮表達謝意，並向兩邊鄰席者細聲致歉，就座時盡量不要引人注意。待宴會結束後再正式向邀請者致謝。

根據TPO來挑選服裝與聊天話題

出席者的服裝與用餐時的聊天話題都必須符合當時的TPO，這一點非常重要。尤其是服裝方面要穿著與自己相稱，或者是符合該場合的服飾。

與人聊天時要選擇愉快的話題，最好避談會造成意見相反或對立的政治與宗教論題。另外，在喪事的餐會上也要盡量不要大聲嘻笑。

※TPO＝T（time，時間）、P（place，地點）、O（occasion，場合）

◆宴會的就座方式

榻榻米室的就座方式

日式料理的宴會通常會在榻榻米室舉辦，而且每個人的座位前都會鋪上一張座墊。

正規的座墊跪坐方式

①

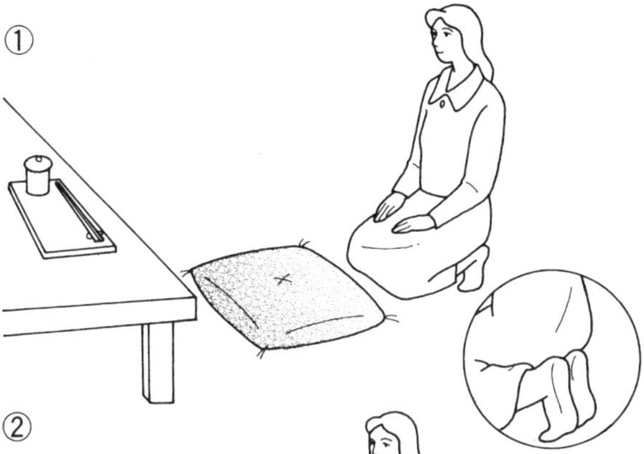

站在座墊的後方，上半身盡量挺直站立並靜靜跪坐。坐下時雙腳腳跟的距離不要太遠。

②

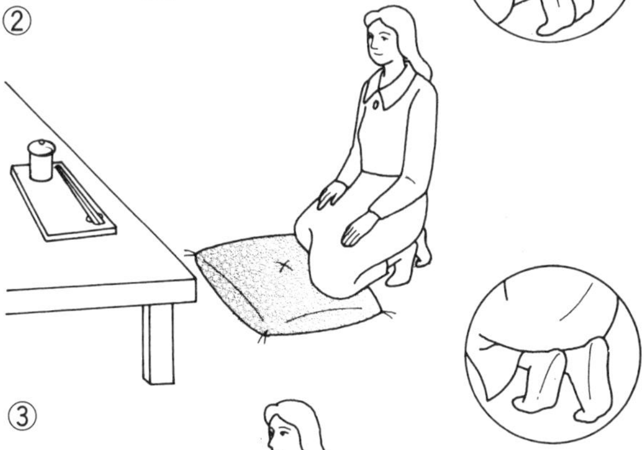

雙膝貼在榻榻米上，維持兩腳腳尖立起端坐的姿勢；左腳稍微前進，膝蓋抬離榻榻米後放在座墊上跪坐。

③

端正地跪坐在座墊的正中央。雙腳的大拇趾疊放，雙手置於大腿上，背挺直。

在日本禮節儀式當中，座墊的跪坐順序如下：

①跪在座墊的下座旁（靠近榻榻米室入口的那一側），先打招呼。下座旁沒有位置的話，就跪在座墊後方行禮。

②接著採取跪坐（雙膝貼在榻榻米上，兩腳腳尖立起端坐）姿勢，身體朝向座墊，以膝行（一邊採行跪坐之姿，一邊雙膝交互前進）的方式坐在座墊上。

③跪坐在正中央。

應注意的是腳底不可以碰到座墊，也就是說不可以站在座墊上後再跪坐或者是踩踏座墊。另外，到他人家中訪問的時候，在該家主人入室之前，只能坐在下座的榻榻米上等候，因為主人還沒請人就座，客人就貿然地坐在座墊上，這樣的舉動非常失禮。

如何舒緩跪坐姿勢

跪坐在座墊上想要舒緩雙腳時，上半身不要傾斜，而是將腳整齊地滑到身體的斜後方，也就是讓腳滑到下座那一側。

座椅席以西式坐法為基準

最近在榻榻米室或日式料理的宴席上，出現座椅席的機會越來越多了。不過就算是日式料理的宴會，座椅席的禮儀還是採行西式的就座方式。其順序如下：

①雙腳靠攏站在椅子左側。

②右腳朝椅子前方的正中央偏右前進。

③左腳順便往右腳方向靠攏，靜靜坐下之後，雙手放在膝上。起立時亦朝左側站立。

手提包或小東西放在桌上有違禮儀

就座之後，沒有寄放在置物櫃的手提包或小皮包要放在榻榻米室座墊前方的矮桌底下。但如果是像本膳料理使用的那種有桌腳的小餐桌，那就放在座墊的左側。

座椅席的話放在椅子右側的地板上。如果要用包包掛鉤來吊掛背包，就要注意是否會影響鄰座的人或服務生。類似化妝包的小皮包，就放在椅背與臀部之間的位置上。不管是榻榻米室還是西式房間，均嚴禁將手提包或小皮包放在桌上。

順手地用小毛巾擦手

小毛巾（おしぼり，oshibori）是日本獨有的文化，通常會放在毛巾盤上，並且置於餐桌右側。就座並且與兩側鄰席的客人點頭打聲招呼之後，就用右手拿起小毛巾，放在膝上攤開一半，並將雙手手指擦拭乾淨，但是不可以用雙手將小毛巾攤開在桌上並且不停甩動，甚至拿來擦臉或脖子。使用的時候態度盡量自然一點。

擦好之後，將小毛巾稍微捲起，放回毛巾盤。

餐巾對折後鋪放在膝上

原本只出現在西式宴會上的餐巾現在也慢慢出現在日式宴會上了。餐巾不是放在餐桌或桌子的正中央，就是放在左側，乾杯前攤開鋪放在膝上即可。如果是西式宴會或桌席的話，有時要起立乾杯，這時等乾完杯再鋪放餐巾即可。

餐巾是用來覆蓋膝部的，對折之後摺線朝向手邊鋪放。但不要在桌上攤開，拿到膝上靜靜地攤放即可。

如果因為身穿和服而使得餐巾容易滑落的話，那就將餐巾的邊角塞入腰帶中間的繩子（帯締め，obishime）上，不過夾放的位置盡量不要超過腰帶。

餐巾頂多用來擦拭沾濕的指尖，或者是用餐過後輕壓嘴唇。擦拭時從餐巾的邊角開始使用，要注意的是不可以沾上口紅。

懷紙放在餐桌上或座墊前

沒有接觸過日本茶道的人對於懷紙（かいし，kaishi）應該非常陌生，但是如果能夠事先準備懷紙（正確來說應該是懷中紙），在宴會上可是非常好用。

如同字面所示，懷紙是摺疊後放入懷中、隨身攜帶的紙，在茶道中可以用來拿取點心或擦拭嘴巴；在日式宴會上遇到要用手承接湯汁較多的菜餚或擦拭手指、遮掩要咬斷食物的嘴角、包裹吃剩而且看起來非常不美觀的魚頭或魚骨時，都能夠派上用場。因此，懷紙可說是在品嘗日式料理時，讓一舉一動顯得更加優美的小東西。

身穿和服時，懷紙必須隱密地放入懷中，就座後將懷紙的摺線朝向自己，並且放置在餐桌旁或座墊前。

上座與下座

宴會的座位有上座與下座之分。至於哪個位子是上座、哪個是下座，因房間的格局、入口的位置，以及其他各種條件而異。

不過座位在決定的時候通常都有個基準，只要事先了解，就能夠大致明白自己應該坐在哪個座位上，這樣到了宴會場時就比較不會感到茫然，也不會不知道自己該坐在哪裡。

榻榻米室的上座與下座

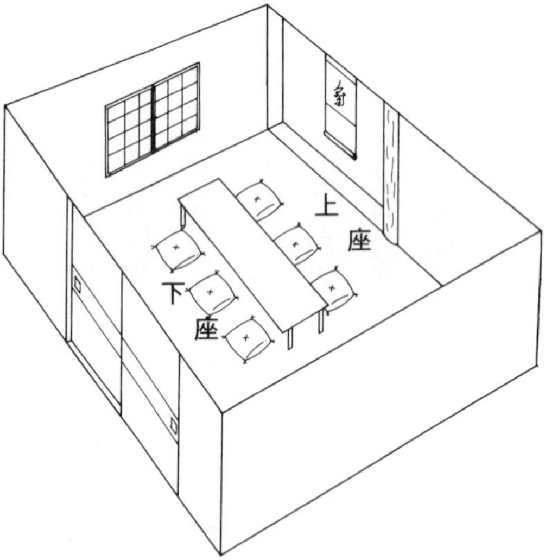

在榻榻米室中，壁龕或掛著字畫的那一側為上座，靠近入口或走廊這一側的為下座。在受邀就座之前，先坐在下座這一側等待。

●決定上座的基準

①壁龕那一側
②宴席中央的正面
③字畫旁
④離入口較遠處
⑤面對庭院或窗戶的坐席

●決定下座的基準

①靠近入口處
②靠近走廊或離走廊較近的地方
③離壁龕較遠處
④面向正面的右側
⑤背對庭院或窗戶的坐席

多項符合這些條件的座位分別為上座與下座。至於西式房間也是一樣，離出入口較遠的座位是上座，靠近入口處的是下座，而位在正中央的桌子則為上席。

中式料理的圓桌席也是一樣，離出入口處較遠的座位是上座，較近的是下座，主人坐在圓桌的正面，主賓則坐在兩旁。

另外一個判斷上座與下座的方式，就是看看那個座位是否遠離服務生移動的動線，或者是那條動線附近是否有座位，從這一點大致可以判斷出來。尤其是參加沒有指定座位的宴會時，通常可以憑這種方式來區別上座與下座，這樣就座的時候就不須猶豫該坐在哪裡了。

◆筷子的種類與正確的拿筷方法

筷子是日式料理禮儀的原點。不管是享受美食的人還是提供佳餚的人，事先了解拿筷子的方式可說是餐桌禮儀的第一步。

宴席上使用的筷子種類

宴席上使用的筷子幾乎都是免洗筷，而日式料理中所使用的筷子有下列幾種：

●利久筷＝兩端略細的筷子，屬高級品。高級餐廳亦可看見它的蹤跡，但主要用在茶懷石料理中。在利久筷當中，以一根一根細心製作的「散利久（バラ利休，bararikyu）」價格最為昂貴。

●天削筷＝大型的高級免洗筷，為高級餐廳使用的筷子。特徵就是筷子頂部被斜削一部分。亦可用來當作公筷。

●免洗筷＝一般餐廳廣泛使用的免洗筷，外形比天削筷或利久筷還要小。

●柳　筷＝以柳木為材料、色白而且不容易折斷的筷子。又稱為喜慶筷（祝い箸，

iwaibashi），經常出現在婚禮或元旦等喜宴上。

●漆　筷＝平時家中使用、外觀美麗的筷子。這種筷子的缺點是易滑，不容易把菜夾起來，故餐廳鮮少使用這種筷子。

茶懷石料理使用的公筷

●兩　細＝青竹製作的公筷，沒有竹節，兩端尖細，中央部分較粗。用來分盛八寸（譯註：懷石料理中以季節為主題的主菜）或醬菜。外形因茶道流派不同而略有差異。

●中　節＝青竹製作的公筷，中央有竹節。用來分盛燒烤菜。

●止　筷＝上方有竹節的青竹筷，用來分盛滷煮菜或涼拌菜。

●黑文字＝樟木科落葉樹的樹枝刨削後，留下部分樹皮、洋溢著樹香的短筷，用來品嘗點心或珍饈。外形較小的亦可當作牙籤來使用，同時也是牙籤的代名詞。

在會席料理中，公筷並無這樣的區分法。

正確的拿筷方式

拿筷子的訣竅，並不在於讓這兩根筷子同時動，而是位在下方的筷子要牢牢固定，好讓上方的筷子能夠擺動並且夾起食物。

首先①用食指與中指的第一個關節前端輕輕地將位在上方需要擺動的筷子夾在中間偏上的地方，再用大拇指指尖扶住固定。②下方的筷子放在無名指的第一個關節上，筷子上方放在大拇指與食指根部，固定夾緊。放在無名指上的下方筷子直接固定在這個位置上。這時候小指會自然而然地貼在無名指上彎曲。上方的筷子利用大拇指、食指與中指這三根手指頭以拿筆寫字的要領擺動。

錯誤的拿筷方式

●拳頭筷＝五根手指都用來抓住兩根筷子，並且用刺的來夾取食物的拿筷方式。

●仙人指路＝只有食指豎起，利用其他手指擺動筷子的拿筷方式。在西方世界裡，用食指指人是最大的禁忌。不論東西方，凡是用手指著人都會引起對方的誤解。

●交叉筷＝兩根筷子平行，用食指與中指夾住，用大拇指支撐的拿筷方式。這種方式難以自由擺動上下筷。

如何使用筷架與筷袋

筷子要放在筷架上時，筷尖盡量突出筷架一寸（約3公分），這樣才能避免夾菜或接觸嘴巴的部分碰到筷架。

至於筷袋，如果是採本膳形式的正式會席餐桌則不會出現。簡式宴會上有時會將套入筷袋的筷子放在筷架上。這時候先用右手將筷子連同筷袋拿至膝上，左手拿著筷袋，右手取出筷子後再置於筷架上。

已經取出筷子的筷袋放在座墊右側或桌子底下，如果是座位席的話，則放在餐桌的左前方。沒有筷架時，將筷柄朝向餐桌的右側，或者將筷尖朝向餐桌的左側。

如何掰開免洗筷

掰開免洗筷時，先用右手將筷子拿到膝上，左手緊緊握住下方的筷子，最後再用右手將上方的筷子掰開。不可以在餐桌上或雙手朝左右將筷子掰開，因為動作太大或發出啪的聲音很容易讓人感覺態度粗魯。

常見有人在掰開免洗筷之後會摩擦筷尖，讓上面的木屑掉落，然而這樣的舉動很容易讓人感到不體面。如果筷尖上有木屑，請在不顯眼的地方用手剝除。

筷子掰開後直接用右手放回筷架上。如果一掰開就直接夾起菜的話，會讓人感覺態度不雅。

沒有筷架時，先將筷子從筷袋中取出，置於餐桌上；將筷袋打成千代結，或者對折成山的形狀，再將免洗筷架在上面。沒有折成筷架的筷袋橫放在餐桌左側，服務生在端出菜餚時會順便收走。到這裡就是愉快享受餐點的準備工作。

如何拿取餐桌上的筷子

說聲「いただきます」（itadakimasu，意指開動），就可以再次拿起筷子，不過這裡還有一個餐桌禮儀，那就是要準備用餐時不可以單手拿起筷子。拿起筷子時，必須雙手慢慢拿起才不會失禮。其順序如下：

如何使用免洗筷

<如何掰開筷子>

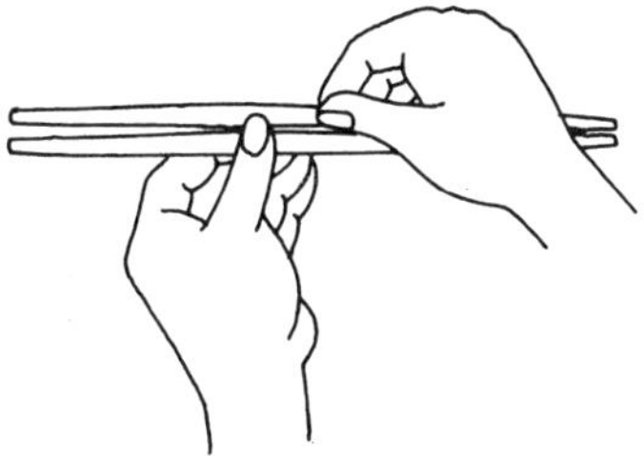

握住筷子的正中央，朝手邊上下掰開。

<用筷袋來替代筷架>

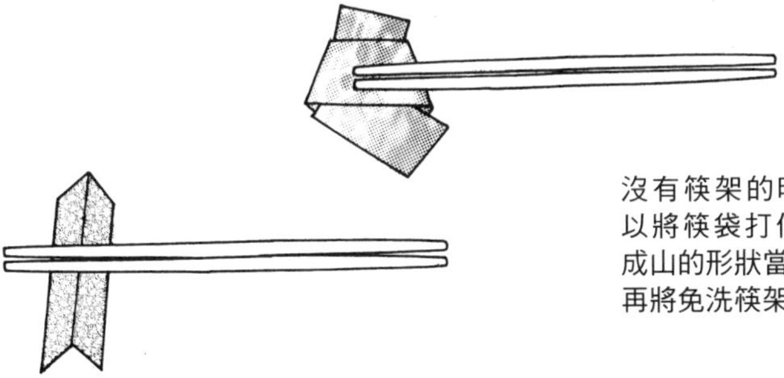

沒有筷架的時候，可以將筷袋打個結或折成山的形狀當作筷架，再將免洗筷架在上面。

<用餐完畢之後>

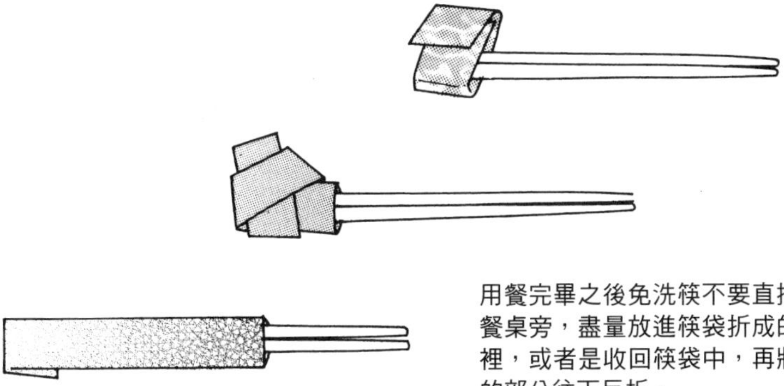

用餐完畢之後免洗筷不要直接放在餐桌旁，盡量放進筷袋折成的筷架裡，或者是收回筷袋中，再將尾端的部分往下反折。

①用右手的大拇指、食指與中指這三根手指從筷子的正中央拿起。
②接著用左手從中央靠左的部分，以和右手相同的三根手指從下方支撐筷子。
③右手順著筷子滑向右側，手掌朝上放在筷子下方。此時左側的筷尖如果沒有對齊，可用右手手掌或指尖把筷頭壓平，讓筷尖對齊。
④右手握住筷子中央偏上的地方。

放下筷子時，動作剛好相反，但還是要雙手並用，左手先扶在筷子下方，右手往上移動後，再靜靜地把筷子放在筷架上。

在日式料理中當要拿起餐具時，每次都要先將筷子放下，這才是正式的禮儀。一邊端著餐具一邊拿取筷子的時候，先用雙手拿起餐具，左手牢牢地扶住餐具底部後，再用右手取筷。筷子拿起之後先夾在拿著餐具的左手手指之間，右手繞到筷子下方重新拿穩之後再來享用餐點。

另外，拿著筷子的那隻手要端起餐具時，筷尖要盡量朝下或者是朝自己，要注意千萬不可以讓筷尖指向他人。

如何取筷

①

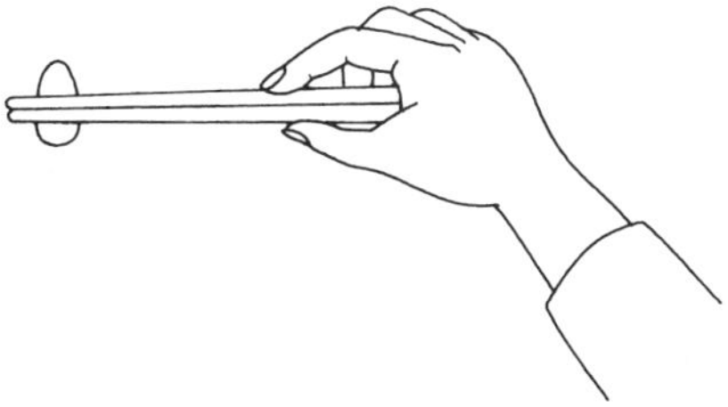

筷尖對齊，右手大拇指、食指與中指靜靜地從筷子中央拿起。

②

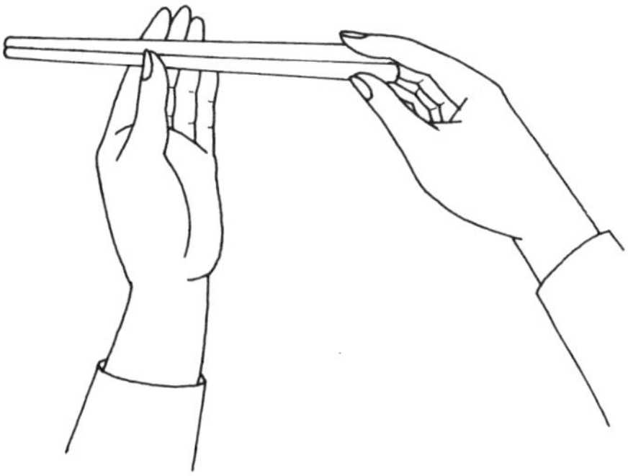

左手從下扶住筷子的中央，右手沿著筷子滑向右側。

③

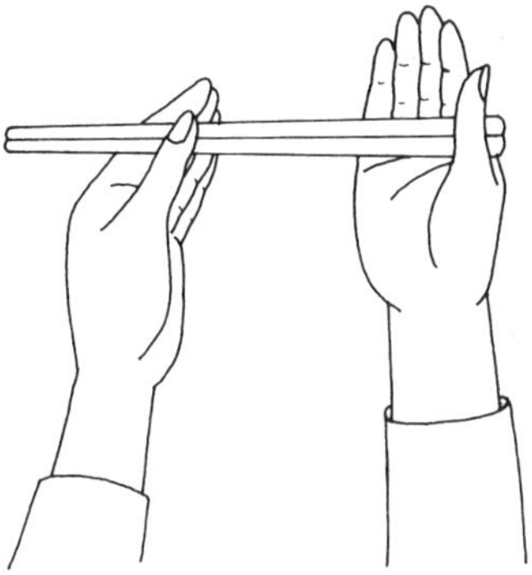

右手手掌朝上，重新握住筷子，並且指尖併攏。

④

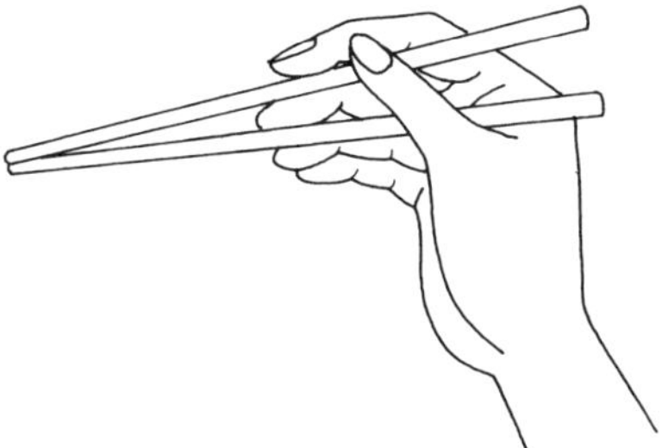

使用的時候中指夾在筷子中間，大拇指與食指握住上方的那根筷子後擺動。

使用筷子的禁忌

接下來的筷子使用禁忌平常就要留意，並且隨時記住正確優雅的拿筷方式。

●掏筷／撬筷

筷子不停地在餐具裡攪動，找尋自己喜歡吃的東西。

●舔筷

用舌頭舔取沾在筷子上的東西。

●疊筷

不停地只吃同一道菜。

●橫筷

將筷子跨放在碗上，代表「還在用餐」。

●舞筷

用餐時用筷子指向他人或者呼叫他人。

●佛筷／插筷

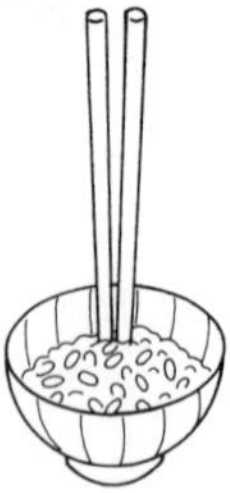

將筷子插在飯上，代表這碗飯是往生者的腳尾飯，須忌諱。

●迷筷

拿著筷子在菜餚上方猶豫不決，不知道要吃哪一道菜。

●指筷

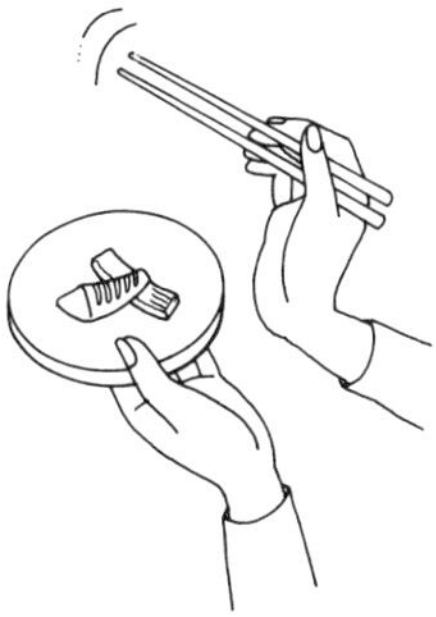

筷尖指向前方，手拿餐具吃東西。

●咬筷

將筷尖放在嘴裡咬。

●刺筷

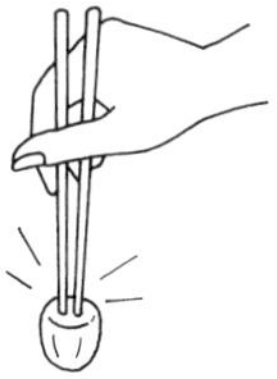

筷子刺在食物上。

●挪筷／遠筷／拉筷

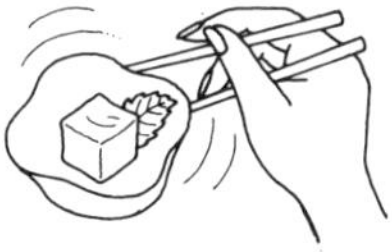

用筷子推拉或者是挪動裡頭還有菜的餐具或盤子。

●空筷

用筷子夾起想要吃的菜，卻因改變心意而放下。

●銜筷

將筷子橫銜在嘴裡。

●滴筷／淚筷

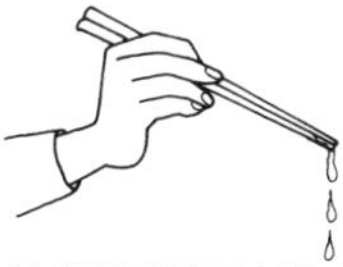

筷子上的醬油與湯汁還在滴落，就把菜夾到嘴裡。夾菜的時候盡量讓上頭的湯汁整個瀝乾，並且用懷紙或手扶在底下，夾入口中，以免湯汁滴落。

◆用餐中的禁忌

用餐的時候總是希望自己能夠以正確而且優雅的姿勢與態度來享用。而所謂的用餐禮儀，乃是不會讓人感到不快，而自己也不會感到尷尬，能夠與對方愉快共同用餐的周全照顧。下列幾種動作與行為通常都會讓同席者感到厭惡，請大家要牢記在心。

●不從餐點的正中央開始夾菜

從裝盤的餐點正中央開始吃的方式日本人稱為「畜生食」（chikushogui），並且認為這樣的舉動非常低俗。日本料理在將食物盛入盤中時，會站在合理的立場思考這道菜左邊、右邊與中間的滋味是否均衡，因此拿筷子夾菜時，盡量不要破壞料理盛好盤的模樣。夾第一口菜時先從邊緣開始，接著再自由地從中央以及左右交替夾取食用。

●用餐時不發出聲音

嚼東西的時候嘴裡盡量不要發出吱吱嘖嘖的咀嚼聲，或者是唏哩呼嚕的喝湯聲。尤其是歐美人並不喜歡吃東西的時候發出聲音，因此同席用餐時必須要小心注意。

●吃剩的食物不凌亂留在盤中

魚皮或魚骨等吃剩的食物集中在盤子的正中央或者是朝外的盤緣。西餐亦同。

●不隨便觸摸頭髮或腳

用餐時整理頭髮、接觸對方、觸摸腳尖等舉動都會讓周圍的人感到不清潔，要特別留意。

●不單手吃飯

不可以駝背低頭像狗那樣埋頭吃東西，日本人稱這樣的吃相為「犬食い」（inugui）。用餐時也不能單手，要盡量雙手並用，例如右手拿筷，左手拿餐具，讓雙手均衡活動。無法用手拿起餐具時，左手扶在餐具的邊緣，盡量抬頭挺胸，以優美的姿勢來用餐。

●不自己一個人不發一語、默默用餐

宴會中用餐時，不可以急著夾菜，狼吞虎嚥。開始用餐的時候，不管是比他人快還是慢，用餐的速度互相配合是禮儀。只有自己不發一語默默地吃，用完餐之後一直盯著同席者的臉或對方吃飯的表情看，這都是非常不禮貌的舉動。吃東西速度比較快的人，就盡量一邊觀察旁人的用餐速度，一邊夾起尚未用完的菜餚。這一點不管是西餐或是中餐都是一樣的。

●用餐時不提傷感情的話題

餐會上嚴禁傷感情的話題。不過遇到法事餐會的時候，即使聊到比較開朗的話題也要懂得適可而止。

●到乾杯為止，跪坐姿勢必須保持端正

在日式宴席上，乾完杯之前盡量保持跪坐的姿勢。乾杯後要鬆解雙腳時，先向鄰座的人說聲「失礼します」（shitsureishimasu，不好意思），再將腳朝向下座那一側鬆解。

●用餐時盡量少抽菸

菸不僅會破壞精心烹調的美食風味，那股菸臭味與吐出來的煙霧還會造成旁人的困擾，因此用餐的時候盡量不要抽菸。

●餐後不立刻補妝

用餐整個結束後，在座位上補妝絕對要小心謹慎，一定要到洗手間再補。如果非得在座位上補妝不可的話，先小聲地向鄰座的人說聲「失礼します」再將臉朝向下座那一側補妝。補妝時只要可以稍微看到鏡子就好。

第2章

會席料理的禮儀

◆日式料理的譜系

傳統的日式料理在現代大致可分為①會席料理、②茶懷石料理，以及③精進料理這三種。

日本料理在創作方面有一定的形式，也就是說這種約定俗成的用餐形式其實已經流傳已久。

飛鳥時代（五九二年—七一〇年）制定宮中與祭神儀式的《大寶律令》（七〇一年）成書；到了奈良時代（七一〇年—七九四年），撰寫了堪稱此書補正版的《養老律令》（七五七年）。而在距今約千百年左右的平安時代，還完成了譽名為烹調教科書的《延喜式》（九二七年）。

《延喜式》裡頭詳細規定了料理烹調、儀禮舉行、神明供品與供奉方式，設宴款待的形式、五節句（譯註：日本傳統的五個節日，即一月七日的人日節、三月三日的女兒節、五月五日的端午節、七月七日的七夕，以及九月九日的重陽節）、七草粥（譯註：一月七日人日節用七種春季蔬菜煮成的粥）等歲時節慶與儀式活動都是參考這本文獻而制定的。而日文中的「調理」一詞更是首次出現在《延喜式》之中。

從這個時代可以窺探出烹調技術有了顯著的進步，就連餐具與酒器也出現了品質極高的藝術作品。而今日日本料理的體系在平安時代前期的光孝天皇時期（八三〇年—八八七年）幾乎已經成形。

光孝天皇甚愛美食，同時也是會親自下廚烹調的飲食研究專家。將天皇研究的菜餚彙整後流傳於後世的，是四條中納言藤原朝臣山蔭卿（譯註：八二四—八八八。藤原山蔭，平安時代的公卿，以庖丁道〔即菜刀技藝〕始祖而聞名）。

此人物乃流傳至今日的「四條流庖丁式」，也就是烹調技藝中的四條流開山祖師，後人供奉為日本料理之神。可惜現今已經找不到四條流體系何時彙整成立的確切紀錄，不過傳聞四條流曾普遍流傳於宮中與公家社會，之後成為武家料理流派的先驅者。

茶會的會席料理與適合酒宴的會席料理

鎌倉時代到室町時代這段期間發展了精進料理（譯註：即素食料理）與普茶料理（中式的素食料理），而在料理流派的世界裡除了四條流，還孕育出大草流、進士流與生間流等各流派。

這些流派的抬頭不僅讓烹調技術與烹飪方法向前大有進步，就連用餐禮儀也隨之邁向更高一個境界，例如促使蔬果雕花等高度刀工技藝提升、典禮儀式更趨嚴格，餐桌禮儀也隨之成形定制、因飲食禮法而完成的「本膳料理」酒菜形式亦跟著奠定了基礎。本膳料理乃用餐禮儀非常嚴格的饗應料理（譯註：即款待客人的酒菜料理），是今日日本料理架構菜色的基礎，也是「會席料理」的根源。

到了織田信長與豐臣秀吉身處的安土桃山時代，千利休完成了茶道與茶會席。而禪宗茶道的普及也是從這個時代的後半開始的。不過這個時候尚未出現「懷石」二字，而是稱為「茶會席」。

江戶時代是一個完全進入武家政治的時代，到了中葉，商人的活動趨顯活躍。這樣的改變，讓江戶的市井街道出現了不少高級料理店與茶屋。

城鎮中的高級料理店雖然採取了本膳料理與茶會席的配膳形式，然而嚴格的禮儀作法以及時間冗長的禮儀料理卻讓人敬而遠之，讓以酒宴為中心的「會席料理」得以取而代之。因市民文化而登場的會席料理，使飲食漸漸遊戲化，進而讓人把宴會當作一個社交場所並且加以利用。活躍於市井之中的「會席料理」與出現在自古流傳已久的茶事、茶會宴會中的「會席料理」兩字同名同音，常讓人搞不清楚。

為了避開這個令人困惑的稱呼，凡是在茶事中提供的會席料理均改稱為「懷石」，另外一個「會席料理」則如同字面所示，也就是眾人聚會時提供的料理總稱，而不是用來指稱菜色內容或形式。因此一般日式料理宴會上提供的，就是以這個「會席料理」為主流。

◆會席料理的上菜流程

菜單「献立」（kondate）原本是廚師烹調料理時的材料表，也是料理的設計圖。而向食客介紹菜色的，稱為「お品書き」（oshinagaki），也就是菜譜。不過近來「献立」這個稱呼已經越來越普遍了。

宴會的菜單會置於餐桌上或旁邊等比較顯眼的地方。為了掌握菜色內容、上菜流程與分量，用餐之前最好先瀏覽一遍，畢竟菜餚會依據裡頭所寫的順序上桌。

會席料理的菜單是以三菜一湯「一汁三菜」（ichiju-sansai），也就是清湯、生魚片、滷煮菜與燒烤菜為基本，並據此增加菜餚的品數，因而有「一汁五菜」、「二汁七菜」的衍生說法。這樣的傾向在現代日式料理店提供的會席料理當中，有越來越普遍的趨勢。

左頁陳列的，是宴會典型的會席料理菜單範例。會席料理首先上桌的前菜原本是日本料理中沒有的品項，據說這是從長崎地區日本化的中國菜「卓袱料理」（shippoku-ryori）的小菜衍生而來的。「吸い物」（suimono）是隨酒上桌的清湯，讓因為吃過前菜或喝過酒而使得味覺變得甘甜的嘴得以清口。

油炸菜「揚げ物」（agemono）過去在日本料理的正式菜單中並未得到承認，但因深受人們喜愛，如今已經成為其中的一道菜。蒸煮菜「蒸し物」（mushimono）有時會替代燒烤菜「焼き物」（yakimono）或滷煮菜「煮物」（nimono），蒸蛋「茶碗蒸」（chawanmushi）有時則是會替代湯品來提供。

最後一道上桌的醋拌菜「酢の物」（sunomono）不只是會席料理，也是所有日本料理不可或缺的一道菜，然而在菜餚品數越來越多的現代社會裡，有時會出現在菜單的正中央。而最後上桌的白飯、味噌湯「止め椀」（tomewan）與醬菜「香の物」（konomono）則為整套菜單畫下句點。至於婚禮喜宴或者是正月宴會的菜單裡頭，會改用「御祝肴」（oiwai-sakana）或「寿の物」（su-no-mono）等充滿吉祥之意的字詞來表達。

（三菜一湯的基本菜單範例）

前菜（前菜）
吸い物（清湯）
刺身（生魚片）
煮物（滷煮菜）
焼き物（燒烤菜）
ご飯（白飯）
汁物（味噌湯）
香の物（醬菜）
果物（水果）

（基本菜單範例）

前菜
吸い物
刺身
煮物
焼き物
揚げ物（油炸菜）
蒸し物（蒸煮菜）
酢の物（醋拌菜）
ご飯
止め椀（味噌湯）
香の物
果物（水果）

（婚宴菜單範例）

御祝肴
前菜
吸い物
造り
煮物
家喜物
揚げ物
箸休め
強肴
冷菓
蒸し物
留め椀
お食事
果物
甘味

（正月菜單範例）

御屠蘇
祝通し
煮物椀
向付
お凌ぎ
八寸
家喜物
揚げ物
多喜合
寿の物
御飯
香の物
果物

◆宴會中的喝酒禮儀

享受日式料理時，一定會提供日本酒，不過宴會上除了日式酒杯，通常也會順便提供玻璃酒杯。

乾杯

宴會開始之前會先乾杯。在提供日式料理的宴會上以日本酒乾杯是正式形式，即使不會喝酒的人也要以日本酒乾杯才符合禮儀。乾杯時酒只要注入八分滿，在高喊「乾杯！」（kanpai!）的同時將酒杯舉至與視線同高，先向位在上座的鄰席者致意，接著向下座者與前席者點頭致意之後再啜飲一口。用玻璃酒杯乾杯時，常見有人交杯輕碰並且發出「鏗！」的聲音，然而這樣的舉動在正式的宴會上必須小心謹慎。

獻杯

日本人參加靈前守夜或法會等餐會時，會獻上酒杯、舉杯敬酒，稱為獻杯「献杯

（kenpai）。獻杯敬酒時要面向佛祖或先人遺照，將酒杯舉至稍微超過視線的地方。與乾杯不同的是，敬酒時不須向同席或鄰席者點頭致意。

敬酒與回敬酒

舉起自己的杯子向對方敬酒在日本稱為「献酬」（kenshu），回敬酒的話稱為「返杯」（henpai）。

敬酒通常由長輩向晚輩勸酒。回敬酒時，接受敬酒的人先把酒一飲而乾，接著將杯子倒過來，用「杯洗」（haisen，即為了洗杯子而盛水的洗杯器）清洗沾到嘴巴的部分，瀝乾水分後用懷紙擦拭杯口，杯子倒正之後再添酒。接受對方敬酒時，雙手必須爽快地舉起酒杯，這才符合禮儀。

如何拿酒杯

日本的酒杯分為下列幾種：①外形像牽牛花的高級酒杯、②一般的陶瓷酒杯、③名為「ぐい呑み」（guinomi）、容量略大的酒杯，與④白色陶杯杯底畫著蔚藍色的圓圈圖案，品酒時可以派上用場、日文稱為「蛇の目猪口」（hebi no me choko）的小酒杯。

這些酒杯的拿法因外形而異，不過一般的拿法如下：

右手中指與無名指夾住酒杯底部（高台，kodai；糸底，itozoko），用大拇指與食指略微支撐。女性左手手指併攏，托住拿在右手的酒杯底部，再用雙手將酒杯送至嘴邊。

酒杯裡的酒以小口、大口、小口的要領分三次喝，但是不要一口氣喝乾，最後留下半口再放回桌上。這麼做是為了不讓腸胃因為受到酒精猛烈刺激而傷胃，破壞了這難得的佳餚盛宴。另外，空杯擺在桌上的話，代表催促鄰座者或服務生幫你斟酒。

玻璃酒杯要用右手的五根手指整個握住杯子的中央部分，不過女性如果將左手手指併攏托住玻璃杯底部的話，動作看起來會更加優雅。

喝酒的方式

<方形酒杯的拿法>

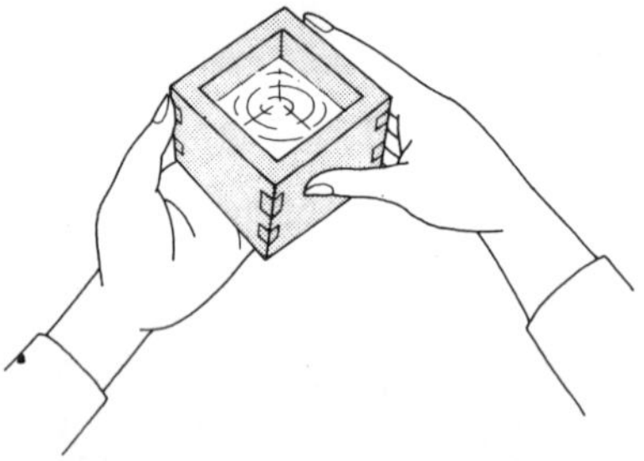

方形酒杯的正面朝向手邊，右手以夾的方式握住杯身，左手托住酒杯底部後再啜飲。

<酒杯的拿法>

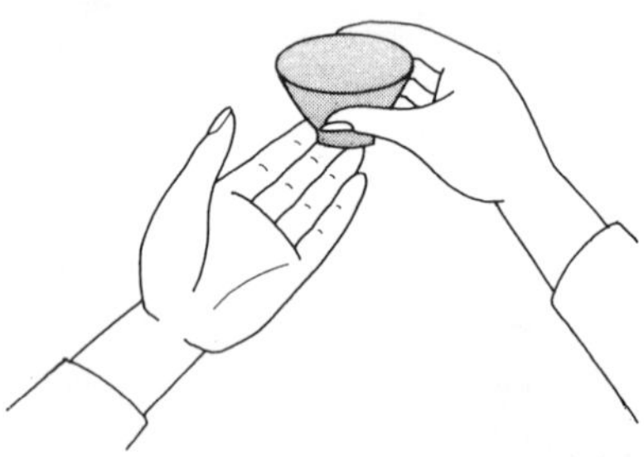

右手拿著酒杯，左手手指併攏托住底部後，雙手將酒杯送至嘴邊。

至於方形酒杯要將正面朝向手邊，右手以夾的方式握住杯身，並用左手托住底部。喝的時候拿至胸前，以手邊靠左的杯角啜飲。

如何斟酒

請人斟酒時，酒杯或玻璃杯一定要拿在手上，不可以直接擺在桌上讓人倒酒。替人斟酒時右手握住酒瓶（お銚子，ochoshi）的正中央，左手壓住酒瓶托（袴，hakama），以免酒瓶拿起時整個黏在上頭。拿起酒瓶時正面（有文字或圖案的那一面）盡量朝上，並用左手托住。斟酒的訣竅，就是酒瓶口要慢慢傾斜，起先倒少一點，接著慢慢增加分量，最後再減少分量。

倒完酒之後一邊慢慢轉動手腕，一邊就像是要將酒壺底部壓到手邊般拉起瓶口，如此一來就能夠輕鬆地瀝乾上頭的酒滴。

斟酒、接酒是喝酒的禮儀，故基本上盡量避

斟酒・接酒的方式

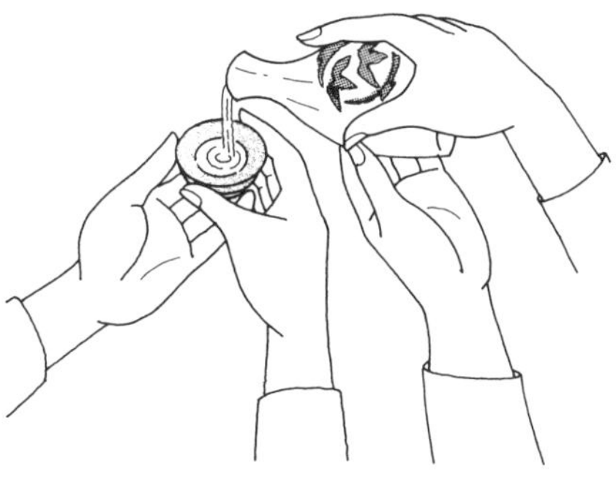

斟酒時右手盡量將酒瓶的正面朝上拿起，左手托住後再倒酒。接酒時左手托住酒杯底部後再將酒杯端出接酒。

免自酌自飲。有人勸酒時再拿起酒杯，讓對方斟酒。喝的量以低於對方玻璃杯或酒杯一半以下為標準。不能喝酒的人只要將酒杯或玻璃杯倒過來放，就代表不喝酒。

◆會席料理的進餐方式

如前所述，日式料理中的會席料理是依照菜單一道一道上菜。接下來看看每道菜的含義（該料理的內容、位置與扮演的角色等規定）以及品嘗時所應遵循的禮儀。

前菜

前菜的日文「お通し」（otoshi）意指「您的點菜單已經傳給廚房了，請先淺嘗前菜，稍待片刻」，也就是菜餚上桌前的下酒菜。

正式的會席料理會從前菜開始，除了「前菜」（zensai）與「お通し」，還有「突き出し」（tsukidashi）、「先付け」（sakiduke）、「小付け」（koduke）、「三種盛り」（sanshumori）、「箸染め」（hashizome）等名稱。

這道菜在進食上並無特殊規定，但是有幾點必須注意。

・小缽裡的菜餚如果湯汁較多的話要端起來吃。

・要將器皿拉近時，盡量不要在餐桌上用拖的，要用雙手端起。其他器皿亦同。

・無法一口吃下的菜餚要先用筷子在器皿裡切成小塊（這一點適用於所有料理）。

吃完之後，每一道菜的器皿均擺在餐桌略微朝外的那一端。這麼做不僅代表已經用餐完畢，同時也是請服務生將器皿收回的體貼之心。

清湯

有人說日式料理中的清湯「吸い物」（suimono）洋溢著「季節風情」，因為打開碗蓋的那一刻，就能夠體會到為了讓人感受季節氣息所下的功夫。每當吃完前菜或喝過酒，嘴裡的味覺通常都會變得有點甜，而清湯正扮演著清口的角色。使用的湯碗上頭繪著充滿季節感或者適合該宴席的圖案，因此慢慢欣賞容器的外形與描金畫也可說是禮儀之一。

●如何掀開蓋子

要掀開碗蓋時，①左手扶著碗口，右手拇指放在蓋頭外側，食指放在內側並夾住蓋頭。其餘三根手指彷彿要遮住蓋子般伸直放在上面。②左手扶著碗，將抓住的蓋頭如同要寫出「の」這個字般，以畫圓的方式從前端轉動並且掀開。③在「の」這個字的收尾處將蓋子側立在碗的右緣並且停頓一段時間，讓碗蓋內側的水珠滑落在湯碗裡，日本人稱這是「露切りの所作」，千萬不要為了瀝乾水珠而上下甩動蓋子。④拿在右手的蓋子朝上放在左手手掌上，右手拿好蓋緣後，平穩地放在餐桌右側。

當蓋子被湯碗吸住，不容易打開的時候，可以用左手夾住碗緣的左右兩側，手指一用力，湯碗與蓋子之間會形成一條縫隙，這樣就能夠輕鬆地掀開碗蓋了。

●如何拿湯碗

要拿起湯碗時，要先確認正面。上頭有描金畫等圖案的那一面是碗的正面。湯碗拿起的順序為①筷子放下，雙手端起湯碗。②右手拇指放在碗的上方，左手手掌托住碗。③將位在正面的描金畫稍微朝左或朝右，盡量不要讓嘴唇碰到。④雙手直接端起湯碗，輕啜一口，品嘗香味後將碗放回餐桌上。⑤再次重複①~③的步驟將碗端起，這次右手要拿起筷子。⑥將筷子夾在手拿湯碗的左手無名指與小指之間，換右手握住筷子下方後，再夾起湯料食用。

如何喝湯

①

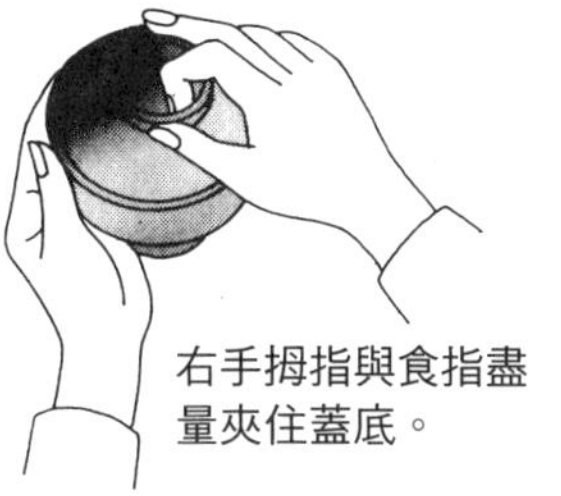

右手拇指與食指盡量夾住蓋底。

②

以寫「の」的方式從外側轉動蓋子並且掀開。

③

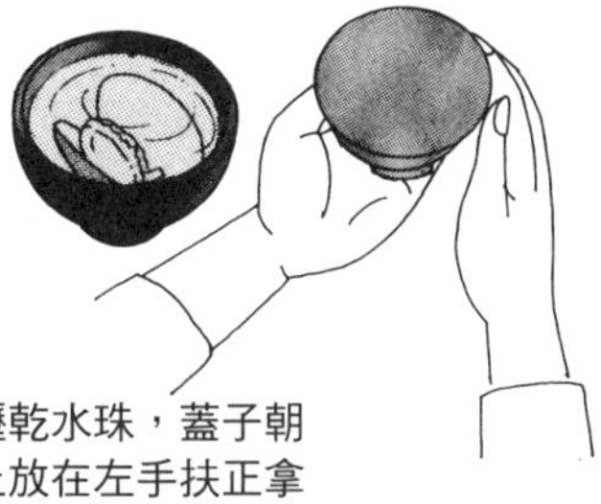

瀝乾水珠，蓋子朝上放在左手扶正拿好。

④

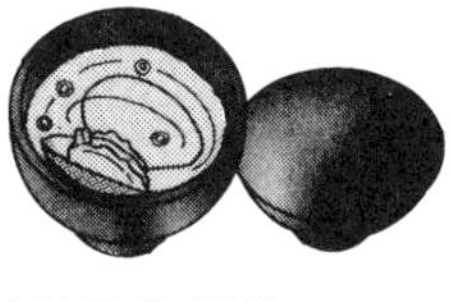

掀開的蓋子內側朝上，放在餐桌右側。

⑤

確認碗的正面之後雙手將碗捧起。

⑥

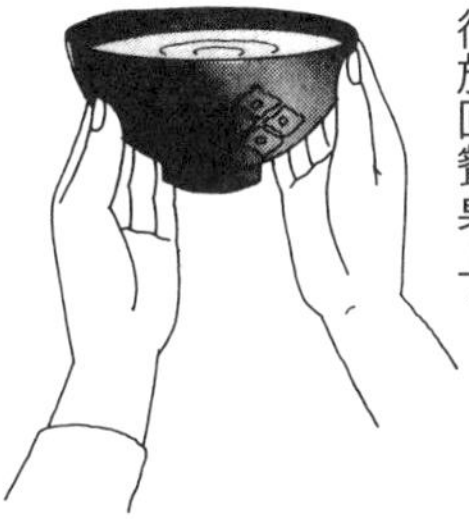

正面的描金畫朝左或朝右，啜飲一口品嘗香味後放回餐桌上。

⑦

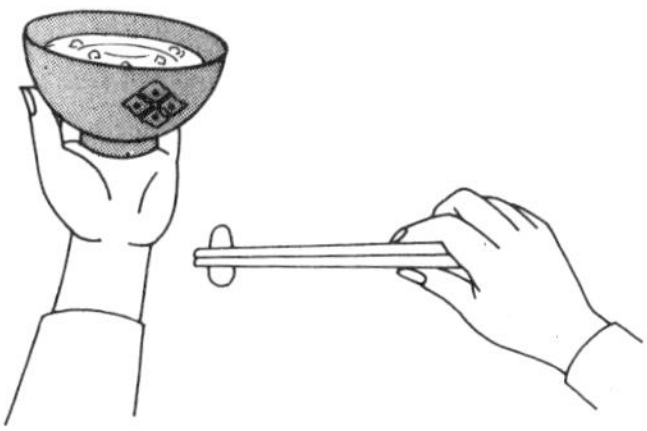

再次將碗端在左手上後再拿起筷子。

⑧

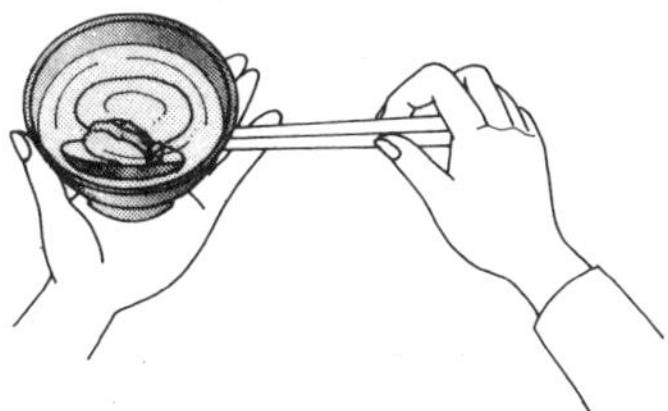

將筷子夾在左手的無名指與小指之間，重新拿好筷子之後再品嘗。

要放下筷子時就從⑥～⑤，也就是將順序倒過來，右手先放下筷子，再用雙手把碗放回餐桌上。

湯喝完之後①右手握住朝上放的蓋子邊緣後拿起，②左手托住底部並翻面，③右手大拇指與食指夾住蓋底，④從碗的前端朝手邊將蓋子蓋上，⑤碗與蓋子上的圖案對齊後朝向正面（手邊），雙手捧起放在餐桌外側。

漆器非常容易刮傷，因此蓋子絕對不可以疊放或者是翻過來放在碗裡。

生魚片

除了「刺身」（sashimi），在日文中生魚片亦稱「作り身」（tsukurimi），屬於一道創造、而且能夠為餐桌增添視覺美最有效的佳餚。

生魚片的日文還有「造り」（tsukuri）、「お造里」（otsukuri）、「生もの」（namamono）、「差味」（sashimi）、「造り身」（tsukurimi）、「指し身」（sashimi）。甚至還有人說日本料理根本就是魚類料理，而最具代表性的菜餚，就是生食魚貝類、日本獨有的生魚片。

●一人份的生魚片

會席料理的生魚片通常都是一人份。生魚片缽或盤子裡會有二至三種（日文稱為「二種盛り」（nishumori）、「三種盛り」（sanshumori））魚類，並且以紅、白、黃這三種顏色為基本組合。這道綜合生魚片裡的魚肉並非隨便排排而已，器皿左側是脂肪較少、滋味淡薄的白肉魚，右側是貝類之類的黃色肉，中間（後側）則是脂肪較多的紅肉魚，也就是遵循合理的烹調規矩來盛盤。一般來說，這道生魚片通常都會附上一個裡頭盛裝土佐醬油（用柴魚高湯調味的醬油）的小碟子。

生魚片的配菜有白蘿蔔絲（けん，ken）、裝飾海藻（つま，tsuma）與佐料（辛味，karami）。這些配菜能夠去除口中的魚腥味與油膩口感，尤其是山葵（わさび，wasabi）還具有殺菌效果，能夠有效殺除魚肉上的細菌。

●綜合生魚片

有些宴會會將好幾種生魚片盛裝在大盤子或木船盤上。這是一種色彩繽紛，可以讓宴席氣氛更加熱絡的演出效果，因此端上桌時不要急著拿起筷子，先好好欣賞箇中之美吧。

●品嘗方式

生魚片必須遵照餐飲禮節，按照拼盤左邊、右邊、中間的順序享用，這樣就可以品嘗從淡薄到肥美的滋味變化，大快朵頤一番。

白蘿蔔絲與裝飾海藻可以幫助清洗嘴裡的魚腥味，讓舌頭的感覺煥然一新，因此吃的時候盡量與生魚片交替品嘗。

為了避免醬油滴落，吃生魚片的時候可以將醬油碟子拿在左手；吃的時候拿著懷紙防止醬油滴落，也可以讓女性在吃東西時動作顯得更加優美。

分取綜合生魚片時，通常由坐在主賓席的人開始動筷；輪到自己的時候，必須以正確的方式拿起公筷，而且動作

生魚片的品嘗方式

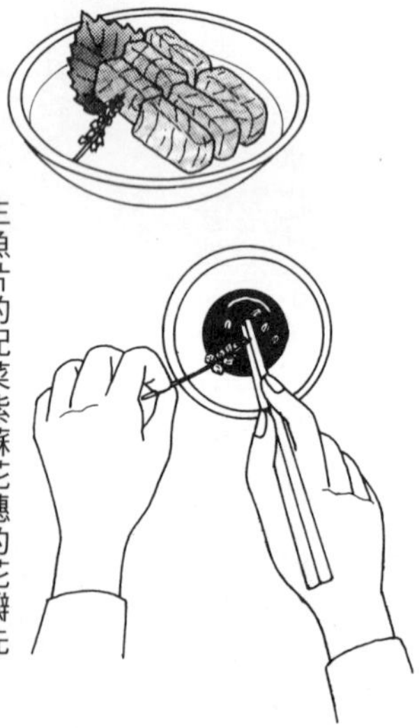

生魚片的配菜紫蘇花穗的花瓣先拔起放入醬油碟裡。

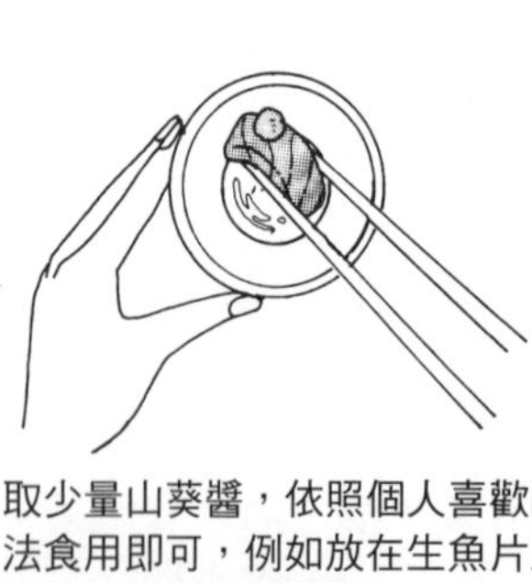

取少量山葵醬，依照個人喜歡的吃法食用即可，例如放在生魚片上或者是放入醬油裡調勻。

要盡量優雅俐落。

這是一道與所有同席者共同享用的料理，因此有幾點必須注意。

·從左邊分取，盡量不要破壞盛盤的造型。

·不可以夾太多自己喜歡的生魚片。只夾自己應該分到的分量，好讓同席者能夠平均享用。

·夾菜的時候要一邊考量整體色彩，一邊優美地將生魚片夾在自己的小碟子裡。

·蘿蔔絲、裝飾海藻與山葵醬也別忘記夾取一些。

·沒有公筷時可以用自己的筷子夾，但是盡量只碰到自己要夾的生魚片。有的人會把筷子倒過來，用另外一頭夾取，但是這樣反而會讓人感覺不乾淨，可以的話盡量避免這麼做。

●如何沾山葵醬

山葵醬有①沾在生魚片的其中一面，②放在魚片的正中央，③放入醬油中調開等沾法，不管是哪一種方式，均可依個人喜好來選擇。不過生魚片主要是品嘗新鮮活魚的滋味，山葵醬並不是主角，故取用的分量最好不要多到會破壞食材的風味。

●生魚片醬油

生魚片的醬油除了一般會提供的土佐醬油，還會根據魚的種類提供各式不同口味的醬油，例如河豚是橘醋醬油，海鰻是梅肉醬油，紅肉鮪魚則是納豆醬油。

吃完之後，醬油碟輕放在生魚片缽中，盡量不要傷到器皿，最後置於餐桌外側即可。

滷煮菜

滷煮菜（煮物，nimono）是將洋溢著季節感的食材烹調盛盤過後，趁熱放入附有蓋子的煮物缽裡再上桌的一道菜。滷煮菜在日本關西地方稱為「炊き出し」（takidashi）或「炊き合わせ」（takiawase），有紅燒煮（うま煮，umani）、味噌煮（みそ煮，misoni）、醋汁煮（酢煮，suni）、甘露煮（甘露煮，kanroni），與年糕湯（雑煮，zouni）等，菜色樣式繁多。

盛入器皿中的滷煮菜呈現了食物與底下樹葉（掻敷，kaishiki）的協調美，屬於一道高度展演風味與美感的佳餚，因此在品嘗之餘，可別忘了欣賞這道菜的盛盤之美。

●品嘗方式

煮物缽的掀蓋方式與清湯碗的蓋子一樣。

品嘗滷煮菜有三種方法，即①將器皿拿在手上，②掀開器皿的蓋子，並當作盤子把菜放在上面品嘗，③沒有湯汁的菜餚可以直接用筷子夾起品嘗。

比較大塊的滷煮菜要用筷子在器皿裡切成一口大小之後再享用。湯汁較多的話，就端起器皿享用，盡量不要讓裡頭的湯汁滴落。嘴巴碰到器皿啜飲滷汁無妨，但切記不可以發出聲音。

另外，像田樂（dengaku）之類的醬烤串料理整串拿起來咬的話，醬料或味噌會沾在嘴角，這樣看起來非常不雅觀，因此吃的時候先用筷子將食物卸下，分切成一口大小後再享用。

燒烤菜

燒烤菜的菜色以烤魚居多。當菜單上寫著「燒

滷煮菜的品嘗方式

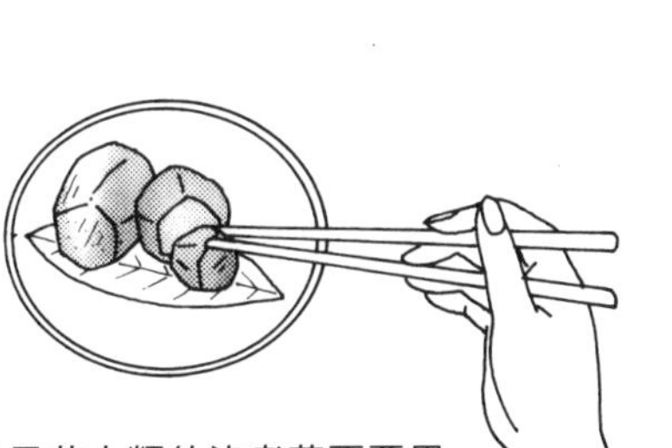

滷里芋之類的滷煮菜不要用筷子刺起，在器皿裡切成一口大小後再享用。

串烤菜的品嘗方式

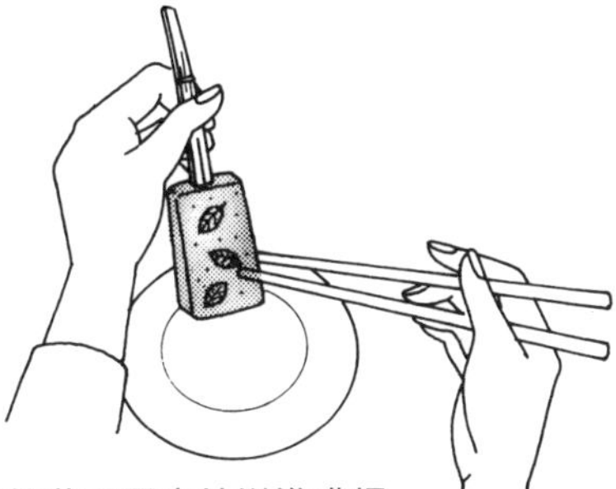

串烤菜不要直接送進嘴裡，先轉動竹籤，取下食材，切成一口大小後再享用。

き物代わり」（譯註：可替代燒烤菜）時，代表可能會端出油炸菜或蒸煮菜。

高級的烤全魚有時不會附上筆薑（はじかみ，hajikami；筆しょうが，hudeshouga）讓人清口，但一般來說，為了去除腥臭味，通常都會附上一些清口的配菜，讓人換換口味。

盛盤方面，烤全魚會放在方盤中，烤魚塊則是盛入圓盤裡。盛盤時如果是整條魚的話，魚頭會朝左，腹部朝手邊；帶皮的魚塊則是魚皮朝上，腹部或中心部朝手邊盛放。

●品嘗方式

魚要用筷子從左邊開始吃，例如魚塊就用筷子從左邊切成一口大小後再吃。如果是有頭有尾的全魚，①先從左邊的肩頭朝魚尾方向把半身吃完。②吃完半身後維持原來形狀，用筷子從中骨的中間挑起，等魚骨整個拉起之後，再用筷子將魚頭魚尾與魚肉切開。③用筷子把魚頭、中骨與魚尾一口氣拉到盤子的另外一端，並且食用位在底側的魚肉。

吃完半身後將魚翻面，或者是只吃中央甚至是背肉部分都是有違禮節的行為。

附有檸檬片時，用筷子將檸檬整個壓塗在魚肉上，好讓那股檸檬香能夠滲入其中。如果是切成半月形或者是略有厚度的檸檬塊時，就用大拇指、食指與中指這三根手指夾住檸檬的兩端，由左至右淋在魚肉上，擰擠時左手要遮住右手，以免檸檬汁四處飛濺。而筆薑是用來消除嘴裡的魚腥味，因此要留在最後食用，好讓口氣更加清新。

鹽烤香魚乍看之下吃法非常麻煩，但是只要稍微記住訣竅，就能夠把魚吃得乾乾淨淨。首先用筷子將魚背從頭壓到尾，讓魚肉能夠輕鬆地與魚骨分離。魚尾朝上折斷，筷子刺入魚頭根部，將魚皮與魚骨從魚頭中切離，但是魚骨依舊附著在魚頭上。一邊用左手輕壓魚頭，一邊用筷子夾住魚身，並且慢慢拉出魚頭，這樣就能夠連同魚骨抽出來了。

吃完之後剩下的魚骨與魚皮聚集放在盤子的中央或者中央偏外的地方。這些吃剩下的東西盡量用鋪在魚底下的樹葉或竹葉遮掩，好讓外觀看起來整齊美麗，因為把殘渣整理乾淨也是體貼的用餐禮儀之一。

不小心吃到魚骨的話，不要用手指取出，一邊用左手遮住嘴巴，一邊用筷子把魚骨夾出後，接著再用手遮住夾在筷子上的魚骨，並且放在器皿的邊緣。這時候視線略微朝下，盡量若無其事地將魚骨取出。

烤全魚的品嘗方式

①

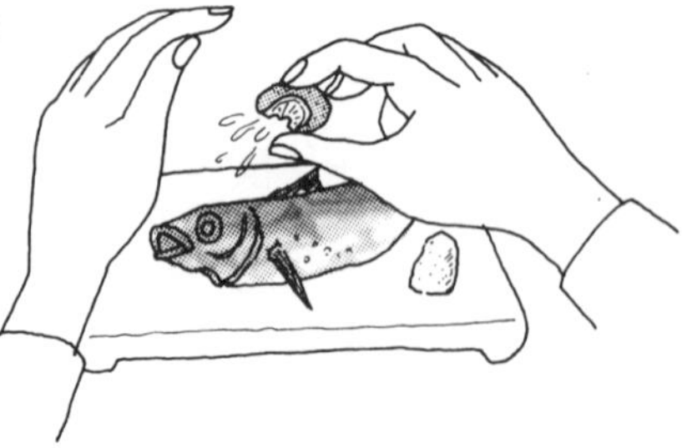

將切成半月形的檸檬或酸橘一邊用左手遮住，一邊擰擠在魚肉上頭，這樣果汁才不會四處飛濺。

②

筷子先夾魚頭這一端靠近背側的肉。並且從頭朝尾一口一口吃。

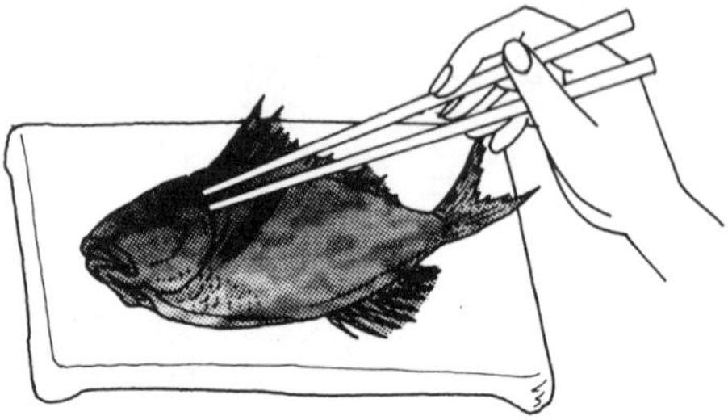

③

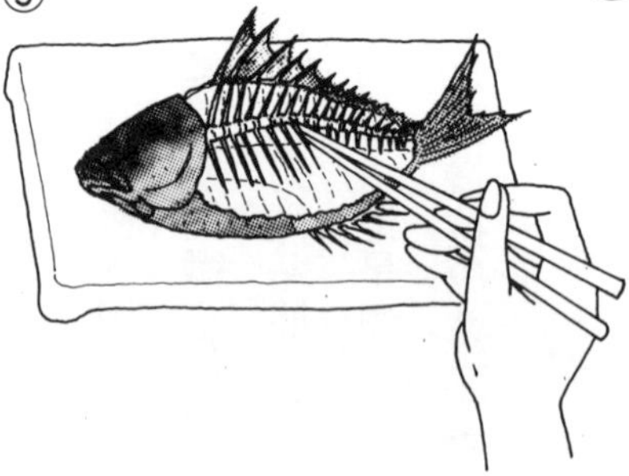

上側半身魚肉吃完之後，用筷子將中骨挑起，連帶魚頭與魚尾一同拉起。

④

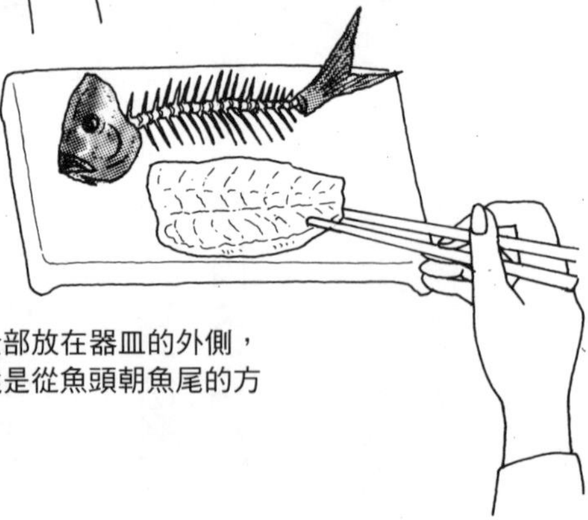

拉下的中骨全部放在器皿的外側，下側的魚肉還是從魚頭朝魚尾的方向食用。

鹽烤香魚的品嘗方式

①

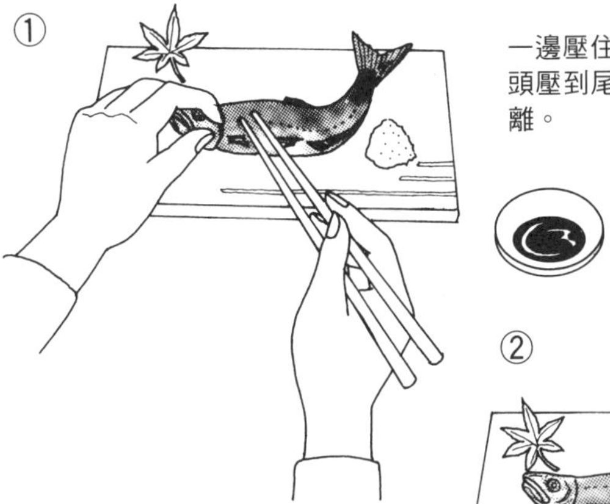

一邊壓住魚頭，一邊用筷子在魚身上從頭壓到尾，讓魚肉能夠輕鬆地與魚骨分離。

②

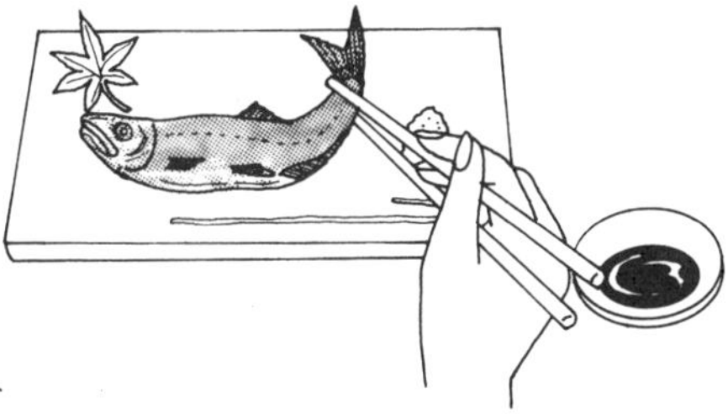

接著折斷魚尾。只要用筷子夾住魚尾往上折，就能夠輕易折斷。

③

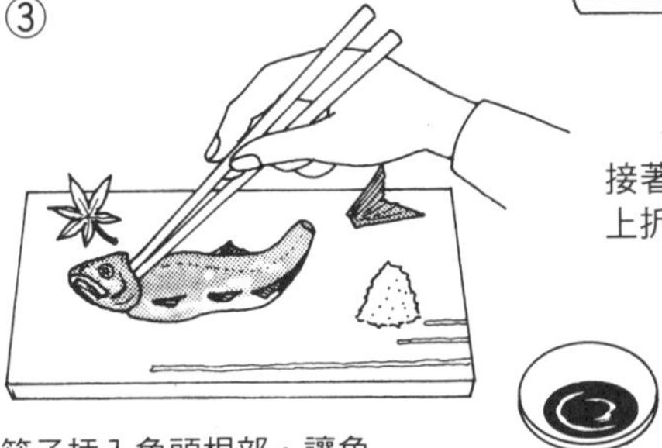

筷子插入魚頭根部，讓魚頭與魚身分開，但中骨盡量不要折斷。

④

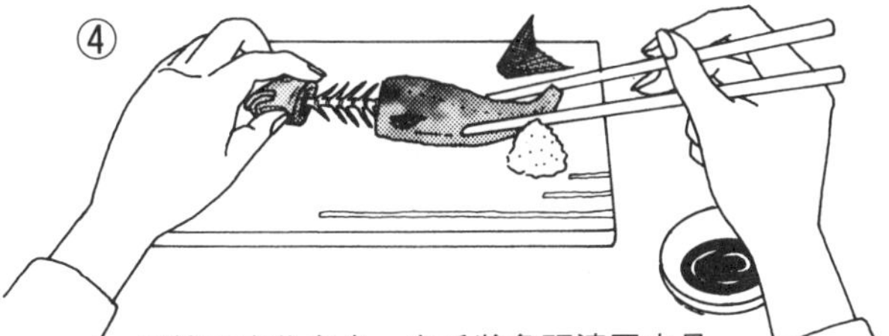

用筷子夾住魚身，左手將魚頭連同中骨一起拉出，這樣就可以維持魚身的形狀食用了。

油炸菜

油炸菜的烹調方式大致可分為三種：①將材料的水分瀝乾，直接下油鍋油炸的清炸，②裹上麵粉、葛粉與太白粉的乾炸，③裹上以麵粉為主要材料調和的麵糊下鍋油炸的麵衣炸。

最具代表性的油炸菜是天婦羅。然而天婦羅的歷史淺短，因此會席料理的菜單上並沒有「天ぷら」（譯註：tenpura，即天婦羅）這道菜。縱使端出的料理是天婦羅，菜單上通常還是會寫「揚げ物」（譯註：agemono，即油炸菜）。

●品嘗方式

油炸菜在盛盤的時候，會假設客人是從左前方開始吃，故食用的時候只要從左前方開始夾的話，就不會破壞整道菜的外形。另外，靠前面的菜味道較淡，越往後面味道就越重，站在風味均衡的立場來看，從左前方開始吃應該是合情合理。

吃的時候倒入天婦羅沾醬（天つゆ，tentsuyu）的小碗要拿在左手上。這雖然可以避免沾醬滴落，不過吃的時候左手改拿懷紙也是一個相當優美的動作。至於吃剩的東西用懷紙包起來即可。

蒸煮菜

蒸煮菜是利用蒸氣來烹調食材，例如「酒蒸し」（酒蒸，sakamushi）、「かぶら蒸し」（清蒸蕪菁泥白魚，kaburamushi）、「薯蕷蒸し」（清蒸芋泥白魚，joyomushi）、「桜蒸し」（清蒸櫻花白魚，sakuramushi），但以茶碗蒸最為常見。

在會席料理的菜單上，蒸煮菜有時會用來替代燒烤菜或滷煮菜，至於茶碗蒸，有時會用來替代湯品上桌。

●品嘗方式

蒸煮菜的器皿通常會使用附蓋子的碗。這裡以茶碗蒸為範例來說明。在日本料理當中，吃的時候可以攪拌碗中菜餚的就只有茶碗蒸，算是吃法比較獨特的一道菜。

打開蓋子時一邊注意別讓內側的水滴滴出，一邊將蓋子朝上並放在餐桌右側，吃的時候只端起碗，不要連同底盤一起拿起，否則會非常危險。筷尖插入茶碗與蒸蛋之間，筷子沿著碗緣畫一圈，讓茶碗與蒸蛋

茶碗蒸的品嘗方式

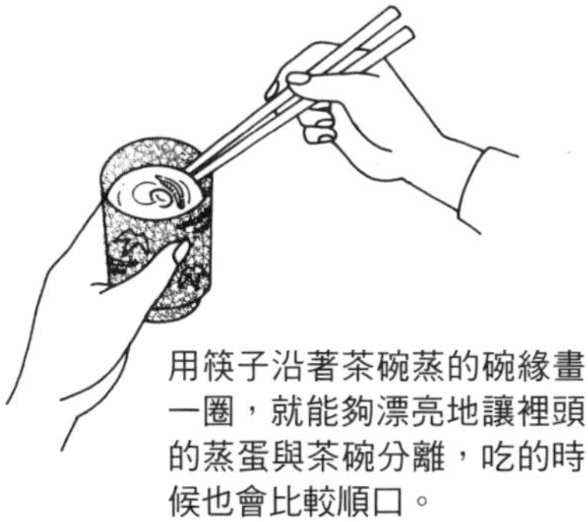

用筷子沿著茶碗蒸的碗緣畫一圈，就能夠漂亮地讓裡頭的蒸蛋與茶碗分離，吃的時候也會比較順口。

分離，這樣吃完之後茶碗看起來會比較乾淨美觀。接著用筷子攪拌蒸蛋，夾出裡頭的材料食用。用湯匙吃的時候，要注意不要為了吃到一口都不剩而發出嘩啦嘩啦的聲音，這樣會讓人感到動作不雅，不懂禮貌。

吃完之後右手拿起蓋子，一邊用左手扶住，一邊蓋在碗裡。雙手端起底盤，置於餐桌外側即可。

醋拌菜

若說日本料理不能沒有醋拌菜，其實一點也不為過。從酒開始，幾乎所有的料理都是屬於酸性，但相對地，醋卻是屬於鹼性食品。

在會席料理當中，醋拌菜一定會擺在餐桌的正中央。即使前面已經有菜端上桌了，也會將那道菜移到餐桌旁，將醋拌菜擺在中央。

醋拌菜能夠促進食慾，清除嘴裡的油膩感，而且還能夠有效消除疲勞。喝酒的時候特別需要搭配鹼性食品；而醋拌菜之所以會擺在中央這個醒目的位置，目的就是希望用餐的人一定要動筷子夾起來吃。這真的是日本飲食文化的前人智慧。

在會席料理的菜單中，醋拌菜通常是最後一道上桌的菜，但是為了促進食慾，有時也會出現在菜單的中間，或是當作一開始的小菜。即使是涼拌菜，只要是以醋為基本調味的料理，通通視為醋拌菜。

●品嘗方式

將器皿放在左手上，大拇指放在碗緣拿穩。醋拌菜通常會少量盛裝在小碗裡，但是不要因為分量少就一口吃光，要分二至三次享用。至於淋上醋味噌或梅肉醬的醋拌菜，盡量每吃一口就取一些放在菜餚上面。

飯・味噌湯・醬菜

在會席料理上一邊交杯換盞、一邊大啖美食之後，端上桌的是飯、味噌湯（止め椀，tomewan）與醬菜（香の物，kounomono）。飯會放在面對餐桌的左側，味噌湯為右側，中央朝外的地方放的是醬菜。這個擺置的方式是用餐餐桌的基本形式，象徵著太陽、月亮與星星，因此又稱為「三光之膳」（三光の膳，sankounozen）。

飯置於左側，是為了反映出右方上座這個順位的基本原則。

在日文中盛飯的動詞不是「盛る」（moru）而是「装う」（yosou），意指一碗飯並不是盛得跟山一樣高，而是「盛裝」得優雅美麗，因此在飯碗裡盛入七、八分滿的飯才是高雅的盛飯方式。

會席料理中的「止め椀」別名「留め椀」（tomewan）或「止め」（tome），其實就是味噌湯。當出現味噌湯時，代表所有的菜已經上桌，宴席即將結束（止まる，tomaru），故稱這碗湯為「止め椀」。

「香の物」指的是醬菜，通常與飯一起享用。不論春夏秋冬，上桌的醬菜裡頭一定會有澤庵（たくあん，takuan。即醃蘿蔔）。如同在品嘗精進料理時所見，澤庵是為了把飯掃得乾乾淨淨而附上的。因此那一片澤庵一定要留到剩下最後一口飯後再食用。

●品嘗方式

飯

飯案（食事膳，shokujizen）從味噌湯開始享用。味噌湯「止め椀」裡頭的味噌通常都會沉澱，因此要用筷子輕輕攪拌。從味噌湯開始動筷的目的，是要將乾燥的筷尖沾濕，以免飯粒黏在上頭。精進料理雖然是從飯開始動筷，不過第一口夾起來的飯粒（五至六粒）通常會作為獻給佛祖或牲畜的供品，並且放在餐桌右邊的角落。

不管是飯碗還是湯碗，吃的時候都要用手端起來，嚴禁直接放在餐桌上用筷子夾起來吃。吃的時候不要只顧著吃飯，要連同味噌湯交替食用。

想要再吃第二碗時，就在碗底留下一口飯，代表要續碗。

味噌湯

味噌湯（止め椀）的食用方式與清湯（吸い物椀）相同，蓋子掀開後置於餐桌右側。湯碗一定要每喝一口，就用左手端起來一次。喝的時候不可以發出唏哩呼嚕的聲音，甚至是一邊咂舌一邊喝湯。

醬菜

醬菜不是第一個要夾的菜，而是要等飯吃到一半時再享用。提供的醬菜基本上有兩種，但是裡頭一定會附上兩片澤庵。

前菜或醬菜在盛盤時，假設將澤庵切成三片的話，日本人會稱為「三切れ」（migire）。由於這個字與「身切れ」（migire）同音（譯註：「身を切れ」，意指心如刀割；另一個同音字為「見切れ」（migire），即不想再見到你之意），因此有時會出現四片，然而「四」又與死同音，故人們會盡量避諱。不過醬菜碟裡如果盛入各切成兩片或三片的澤庵、茄子與蕪菁的話，反而會被視為是帶有吉祥之意的「三点盛り」（santenmori）或「三種盛

白飯如何續碗

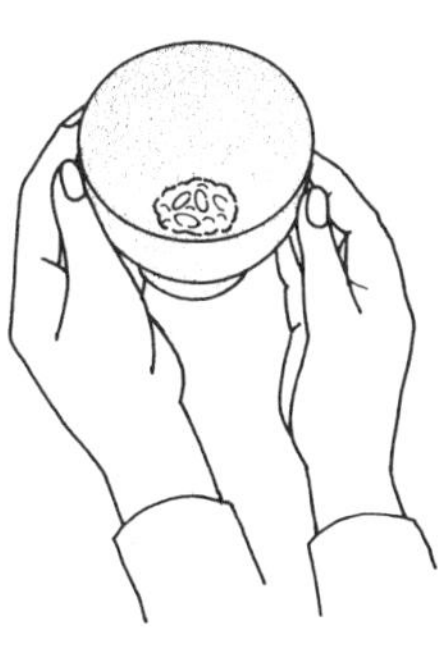

想要續碗時在碗裡留下一口飯是用餐禮儀。

り」（sanshumori），在這種情況之下，就不算是會讓人避諱的「三切れ」。

水果

水果要等到所有料理的餐盤都收拾乾淨了才會上桌。水果在日本被視為是點心，故有時菜單上會用「水菓子」（mizugashi）這個字來稱呼水果，不過會席料理用餐完畢之後提供水果卻是近來才有的習慣。

●品嘗方式

日本料理並沒有直接用手拿起食物享用的習慣，每一道菜都必須使用筷子夾食，即使是水果也會附上牙籤或水果叉，並且切成容易食用的大小、唯有柑橘與葡萄例外，可以直接以手就食。在吃柿子或葡萄等帶籽水果時，可將懷紙拿到嘴邊，把籽吐在紙上，吃完之後再直接用懷紙包起並且置於盤中。

哈密瓜與西瓜食用前先切成一口大小，剩下的果皮倒放在盤中央即可。

第3章

茶懷石料理的禮儀

◆何謂茶懷石料理

茶懷石料理是從在茶道茶會或者是茶席上獻上濃茶之前端出的簡餐餐點中衍生的料理形式。

禪宗修行僧的餐飲只有早午兩次，為了忍受夜晚飢餓與寒冷來襲，因而在懷裡放了一塊溫熱的石頭（温石，onjyaku），這就是懷石的由來。空腹在茶會上享用的濃茶其實並不美味，因此會先食用可以溫暖身子的簡單餐點。這個簡單的餐點被人比喻為溫石，並且為了與豪華料理茶屋的會席料理有所區別，故取名為懷石料理。

為了避免與會席料理混淆，現在均稱為茶懷石料理，也就是以飯、湯、向付（譯註：mukouduke，即生魚片）、滷煮菜與燒烤菜這三菜一湯的架構為基本，屬於可以慢慢品茶、親手烹調的樸實菜餚。以此為基本，進而增加了精心烹調的「強肴」（譯註：shiizakana，如燒烤或滷煮的魚或肉）與「八寸」（譯註：hassun，以季節為主題的菜餚。通常為壽司與幾份分量較少的珍味），並且以醬菜（香の物）與湯斗（湯桶，yutou。裡頭盛裝了熱水與鍋巴）為整套餐點畫下句點。

茶懷石料理的正式用餐禮儀因茶道流派而異。這裡僅以一般的上菜流程來解說茶懷石料理禮儀。

◆茶懷石料理的上菜流程與品嘗方式

配膳

一般來說，茶懷石料理的舉辦地點通常為茶室或榻榻米室裡，同時有三組至五組左右的客人一同用餐。茶會上，客人總稱為「連客」（renkyaku），這當中最重要的客人稱為「正客」（shokyaku），之後為次客、三客……，最後一組客人則稱為「お詰め」（otsume）。至於席位也是按照這個順序從上座開始就座。

茶懷石料理的配膳方式

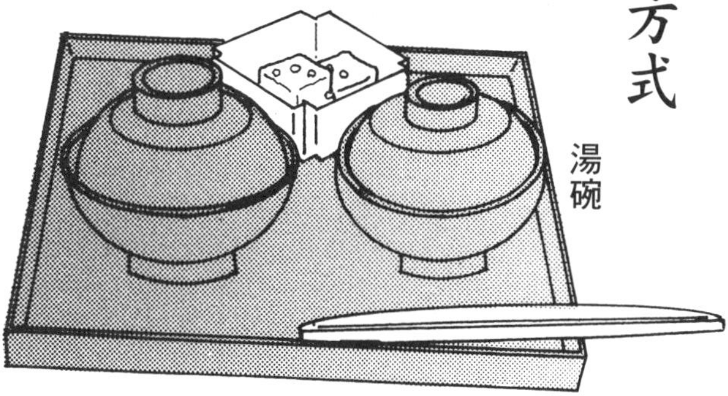

茶懷石料理一開始會將飯、湯、向付與利久筷放在膳盤上，並且以一人份的形式端出。

茶懷石料理第一個端上來的，是名為「折敷」（oshiki）、沒有桌腳的膳盤。膳盤上擺了向付與四個碗（左邊為飯碗，右邊為湯碗，碗加上蓋子算四個碗，故名），以及沾濕的利久筷。這樣的配膳方式就是之前在會席料理的項目中提及的「三光之膳」，是日本料理的基本型態。向付因為是擺在膳盤中央靠外的位置，故以此為名（譯註：向付的「向」為「向こう」，意指對面；「付」為「付ける」，意指擺置）。

引杯・杯台

茶懷石料理還會提供酒，好讓主人與賓客能夠促進交流。舉杯飲酒在這裡稱為「一獻」（ikkon），以三杯為限。使用的正式酒器有燙酒鍋（燗鍋，kannabe）、引杯（引き杯 hikihai）與杯台（haidai）。引杯這個名稱，來自於每位賓客必須一只一只抽出（譯註：引く，hiku）酒杯而來的，通常為朱紅無圖案的淺木杯。引杯會疊放在杯台上。杯台的正中央有個洞穴，目

燙酒鍋・引杯

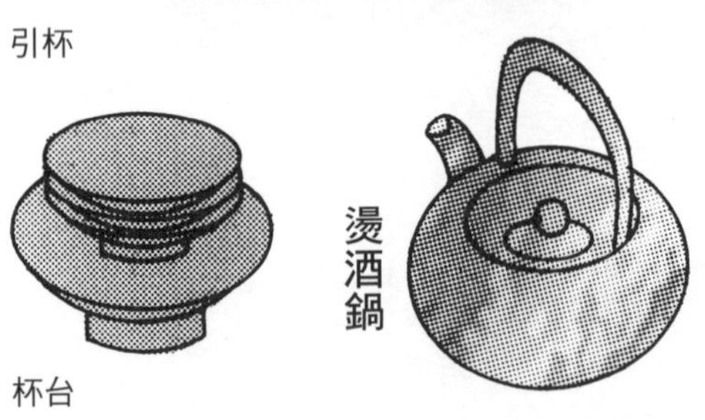

茶懷石亦提供酒。正式的酒器組有燙酒鍋、引杯與杯台。

的是為了讓引杯的杯底（高台，kodai；糸底，itozoko）能夠嵌入其中。

半東・折敷

茶懷石料理裡頭，有作東舉辦茶會的主人「亭主」（teishu）、指揮茶會進行過程的「水屋」（mizuya），與幫忙茶會的接待員「半東」（hantou）。

所謂亭主，其實就是該店的經營者，有時則是茶道老師。水屋要負責連繫廚房與客席，故大多由亭主或茶道老師兼任。

半東會將膳盤從位在上座的客人（正客）開始，依序一份一份端來。接受膳盤時，先坐在座位上，雙腳跪著，點頭致意之後再承接。膳盤放好後，要向鄰席的人說聲「お先に」（譯註：osakini。意指「對不起，我先拿了」）。

當半東將膳盤端到下座的上菜出入口（給仕口，kyuji-guchi）或者是最後一位客人（お詰め）時，亭主會說「どうぞお取り上げください」（譯註：douzo otoroage kudasai，意指「請用餐」），並且走出房間，拉上紙門。此時正客會回「ちょうだいいたしましょう」（譯註：choudai itashimashou，意指「我們開始享用吧」），其他客人則齊聲說出「お相伴いたします」（譯註：oshouban itashimasu，意指「讓我伴隨您」）。

（茶懷石料理的上菜流程）

飯
汁
向付
　初獻
　飯次
　汁替
煮物（滷煮菜）
焼き物（燒烤菜）
　二獻
強肴
　飯次
箸洗
八寸
　三獻
香の物（醬菜）
　湯桶
菓子
（內容因茶道派別不同而略有差異）

飯與湯的品嘗方式

飯碗裡盛裝了少量的飯，湯碗裡頭則是以季節蔬菜與豆腐為湯料的味噌湯。

①首先雙手同時將飯碗與湯碗的蓋子掀開。湯碗的蓋子如果打不開，就一邊用左手壓住碗緣，一邊用右手握住蓋底，壓出一條縫隙即可。

②左手的飯碗蓋朝上，右手的湯碗蓋倒過來蓋放在上面。

③重疊的蓋子拿到右手，左手托住底部，雙手放在膳盤右側。

④雙手端起飯碗，放在左手上；右手取筷，用拿著飯碗的左手無名指與小指夾住筷子中央偏左的地方，右手順著筷子滑到右側，從下方再次拿起筷子，並夾起一口飯放入口中。

如何打開飯碗與湯碗

①

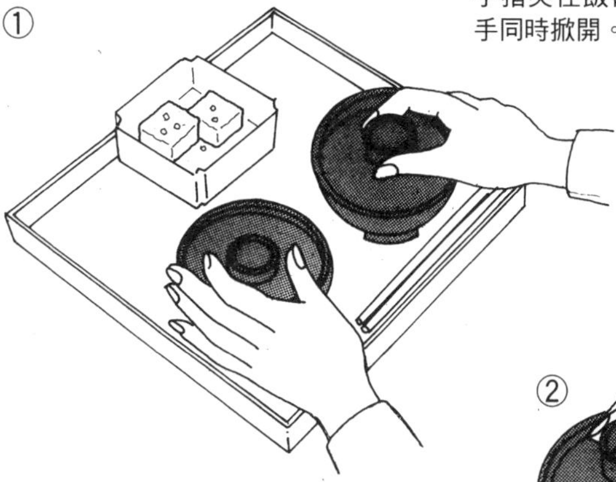

手指夾住飯碗與湯碗的蓋子底部，雙手同時掀開。

②

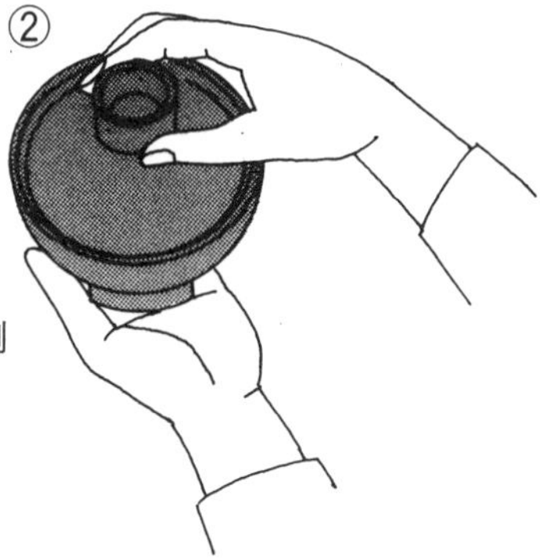

蓋子掀開後，飯碗蓋朝上，湯碗蓋倒過來蓋在上面。

③

疊好的蓋子放在膳盤的右前方。飯與湯一口一口交替輪流享用。

接著以相反的順序將筷子放回膳盤裡，飯碗也置於其中。

⑤雙手端起湯碗，先啜飲一口湯。接著以④的要領拿起筷子，食用裡頭的湯料，再以相反的順序將筷子與湯碗放回膳盤裡。飯與湯交替各吃一口，而且每次都要把筷子與碗放回膳盤裡，直到吃完為止。湯汁可以喝完，不過飯最後要留下一口。食用完畢之後，用懷紙將湯碗碰到嘴巴的部分擦拭乾淨。

⑥湯碗蓋上蓋子，飯碗不蓋，直接放著。這麼做並不是代表用餐完畢，而是還在用餐。而筷子則是跨放在膳盤右側。另外，酒還沒端上桌時，筷子不可以碰到向付。

初獻

初獻（初献，shokon）指的是喝完湯之後第一個端上桌的酒，而且是冷酒。

①亭主端著疊放著引杯的杯台向正客勸酒；正客連同杯台承接引杯，置於與次客之間的位置上，並向次客說「お先にちょうだいします」（譯註：osaki choudaishimasu，意指「我先拿了」），並重新把杯台放在自己面前。

②取下最上面的杯子，置於手邊後將杯台遞給次客。

③再次端起酒杯，接受亭主斟酒。

④倒好酒的酒杯先放在膳盤右側。等最後一位客人（お詰め）的酒都倒好了之後，酒壺（お銚子，ochoushi）會遞回正客手邊，接下來客人們就可以交杯敬酒了。

向付（生魚片）

喝了一口酒後，就可以雙手端起向付享用。

①在茶懷石料理當中，拿起筷子夾菜吃時一定要把器皿拿在手上。

②向付如果有附醬油碟的話，就將碟子拿在手上，以便沾醬油吃。

③向付又稱「お向こう」（omukou），不過盛裝生魚片的器皿本身也可以

如何接受初獻

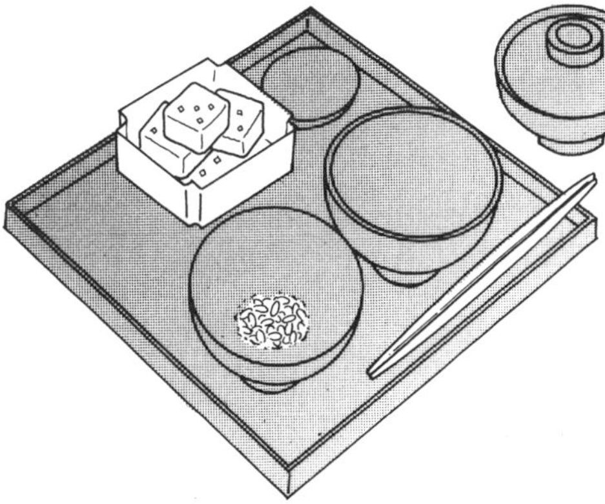

酒倒好之後先放在向付右側，等所有人的酒都倒好之後再喝。

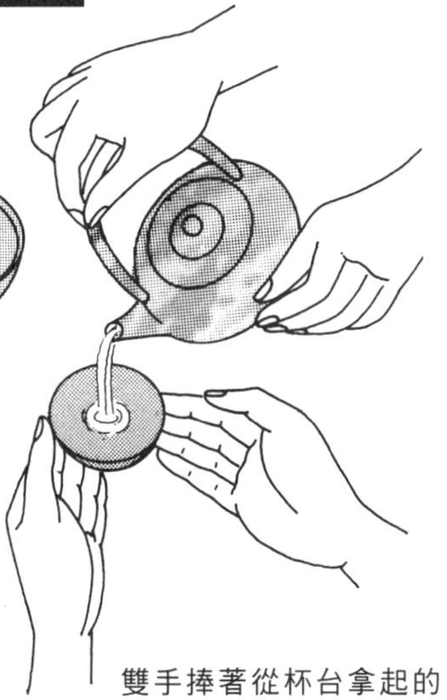

雙手捧著從杯台拿起的引杯，接受亭主斟酒。此時端出的是冷酒。

稱為向付。這是從頭到尾都會放在膳盤裡的器皿，亦用來分盛其他菜餚。

④向付食用完畢之後，盛裝的器皿要當作下一道燒烤菜的小碟子，因此吃完之後要用懷紙擦拭乾淨。

飯次與汁替

飯次（meshitsugi）與汁替（shirugae）指的是第二輪上桌的飯與湯。

飯次會盛裝在一人剛好可以分取一勺飯的飯桶裡。為了讓所有出席者都能夠輪到，盛飯時必須斟酌分量，盛入自己的飯碗裡。

將飯桶放在膝上，取一勺飯盛入自己的碗裡。

汁替會在上菜盤（給仕盆，kyuji-bon）上進行。將第一次用到的湯碗放回上菜盤中，這樣第二碗湯就會端過來。

①當亭主端來飯桶時，會說「どうぞおまかせを」（譯註：douzo omakasewo，意指「請自便」）。

②正客向次客說聲「お先に」之後將飯桶放在膝上，一邊考量到每個人分配到的分量，一邊把飯盛入自己的碗裡。

③飯與湯不可以拒絕續碗，直接讓給次客。

④當亭主與半東單手拿著上菜盤端出第二輪的湯與酒時，客人必須雙手承接；相對地，對方如果是雙手端出的話，則以單手承接。因為在茶懷石料理當中，要盡量避免兩人同時用雙手或單手承接（編註：此處敘述與右頁所繪之情境有衝突，請以此段文字敘述為準）。

⑤飯必須留下一口，因為最後要與湯次（譯註：yutsugi，即湯斗）以及醬菜一起食用。

⑥湯也會建議續第二碗（汁替），這時候不須客氣，放心食用吧。不過到了第三碗時就要說「結構です」（譯註：kekkoudesu，意指「不用了」）來回絕，否則會被他人取笑說是「バカの三杯汁」（譯註：意指「都喝了三碗湯還搞不懂禮儀的傻瓜」）。

滷煮菜碗

站在客人的位置上來看，滷煮菜碗是放在膳盤的外側。等所有人的菜都端上之後再把蓋子掀開。

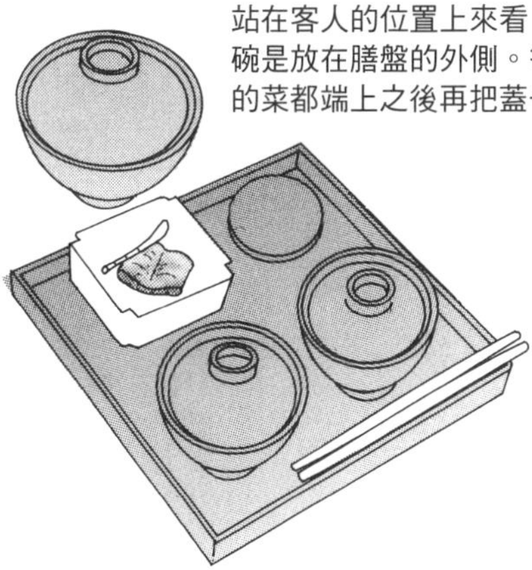

滷煮菜碗

滷煮菜在茶懷石料理當中，算是最精彩的一道佳餚。通常裡頭有當季的魚貝類、雞肉與蔬菜等菜色拼盤，不過有時也會提供單品。

①亭主在端出滷煮菜碗時，托盤（通い盆，kayoibon）上只會擺一碗，並且放在正客膳盤的外側（站在客人的位置來看，是在膳盤的右上角）。

②當正客說「どうぞご一緒に」（譯註：douzo goisshoni，意指「請一次端上桌」）時，亭主會按照連客人數分盛；盛裝好了之後放在長方形的托盤「脇引」（譯註：wakibiki，即一次可放置數道菜餚的黑漆托盤。亦稱「長手盆」〔nagatebon〕）上，一口氣排放在膳盤前。正式的禮法應該是亭主一碗一碗地端給連客，但是對於亭主與半東來說太費事，更何況這麼做還可以避免料理變涼，所以正客才會這麼說。

③當所有人都拿到滷煮菜之後，亭主會告訴大家「どうぞ、お召し上がりを」（譯註：douzo omeshiagariwo，意指「請慢用」）。

④每個人各自掀開碗蓋。

⑤蓋子朝下放在飯碗蓋上或者是朝上置於外側，同時也是下一道菜的小碟子。

燒烤菜

燒烤菜通常是無骨的魚塊，而且沒有任何配菜。

①所有人的燒烤菜會盛入同一個器皿裡後端上來，此時亭主會說「どうぞゆっくりお召し上がりください」（譯註：douzo yukkuri omeshiagari kudasai，意指「請慢用」）。

②正客向眾人說「お先に」之後，再把菜夾到自己的向付器皿中。不管是飯還是強肴，這樣的招呼方式與菜餚的傳遞方式都必須以相同要領來進行。

③吃不完的菜用懷紙包起來帶回家（有時剩菜也可以包起來），盡量不要讓器皿裡有剩菜，並用懷紙擦拭乾淨。

進行到這個階段，通常要喝第二次酒（二獻，**nikon**）。初獻是冷酒，這次是熱酒（燗酒，**kanzake**），而且酒壺（德利，**tokkuri**）與酒杯（ぐい呑み，**guinomi**）會一起端上來。

如何品嘗燒烤菜

燒烤菜會按照人數盛入同一個器皿後再端出，因此要用附上的公筷分盛至自己的向付器皿裡。

強肴

除了三菜一湯這個基本菜色，還會再加入一道亭主精心烹調的菜餚，那就是「強肴」（shiizakana）。

這道強肴大致可分為拼盤（炊き合わせ，takiawase）、其他菜餚與醋拌菜組合的配酒菜「進め肴」（susumezakana）。

①拼盤（炊き合わせ）……盛裝在大缽盆的料理，別名「預け鉢」（zaukebachi），內容為時令蔬菜、雞肉與魚的拼盤菜色。當缽盆傳到自己的座位上時，先點頭致意，再分盛至湯碗的蓋子裡。

②配酒菜（進め肴／強肴）用來配酒的下酒菜，菜色有珍味與醋拌菜這兩種。除了「進め肴」，亦可稱「強肴」。

珍　味＝亭主有時會端出珍貴的佳餚，以表達款待的心意；如果買不到，就不會出現這道菜。通常以海參腸「このわた」（konowata）與海膽「うに」（uni）居多。

醋拌菜＝以蔬菜和貝類的涼拌菜居多，而且色彩繽紛亮麗。要用向付、湯碗或滷煮碗等器皿的蓋子盛取。

接下來就是第二次的飯次。分盛的方式與第一次相同，也就是將飯桶依次傳遞下去。這時候亭主還會建議客人續第三次的汁替，但是通常都會婉拒。

箸洗

箸洗（hashiarai）又稱為「小吸い物」（kosuimono），也就是用餐用到這個階段先告一個段落，並且端上洗洗筷子、清清口的清湯。

這道清湯使用了昆布、鹽與醬油，似有若無的調味方式在烹調時相當耗功夫。

裡頭的湯料只有少許松子，盡量讓人喝完湯之後嘴裡不會有餘味殘留。

①滷煮物碗收回之後，會擺上箸洗的碗。
②當箸洗碗端至所有人面前時，亭主會說「どうぞお吸い上げを」（譯註：douzo osuiagewo，意指「請享用清湯」）。
③連客點頭致意之後掀開湯蓋，啜飲箸洗清口。

如何品嘗箸洗

在茶懷石料理當中扮演著暫時告一段落的菜餚就是箸洗。當滷煮菜碗收回之後，就會端出這道菜，以便清口。

八寸・三獻

八寸這個字來自杉木材質製成的方形托盤，因大小約八寸（約24公分），故以此為名。凡是放在這個托盤上端出的菜餚均稱為「八寸」。

八寸雖然是茶懷石料理的最後一道菜，卻是盛裝山珍海味、最豐盛的一道佳餚。

八寸端出之後，到這裡總共會喝三獻（第三次的酒）。換句話說，八寸的角色，就是讓亭主與客人互相敬酒、對酌談歡的下酒菜。菜色方面基本上只有三種，以客人的位置來看，面對八寸縫邊的是正面擺法（圓盆的縫邊要靠自己這一面擺才是正面擺法，因此只要記住「圓盤縫邊朝己，方盤縫邊朝外（丸前角向，maru-mae kaku-muko）」就可以了）。菜色方面，靠自己手邊的是海味，靠外側的是田產與山產。

①將八寸置於客人面前，亭主斟酒後，雙手端起八寸欣賞盛盤。

如何分盛八寸

八寸是亭主與客人交杯對飲的下酒菜。欣賞盛盤方式之後，亭主會拿取箸洗的蓋子，分盛好菜餚之後再端給客人品嘗。

②欣賞完畢之後將正面朝向亭主，並放回原處。
③亭主將海味分盛在箸洗的蓋子裡後會端給客人，接下之後再食用。
④接著亭主會分盛田產與山產請客人品嘗。
⑤亭主有時會說「お流れをちょうだいしたい」（譯註：onagare wo choudaishitai，意指「請給我酒杯」）。當亭主這麼要求時，先用懷紙擦拭自己的酒杯，放在杯台上後遞給亭主。輪到隔壁的次客向亭主敬酒時，也會獻上自己的酒杯給亭主。
⑥當亭主喝完酒時，會向次客說「お流れを」（譯註：onagare wo，意指「請給我酒杯」），並且將酒杯物歸原主。

如此的敬酒方式稱為「獻酬」（kenshu）。這樣的動作彷彿白鶴走路的模樣，故有「千鳥の杯」（chidori no hai）這個雅名。

湯桶與醬菜

飯鍋鍋底略微燒焦的白飯會連同裡頭盛滿熱開水（稱為「湯の子」，yunoko）的湯斗「湯桶／湯次」以及醬菜一起端出。這個熱開水有時會加些鹽巴，讓味道帶有一股淡淡的鹹味。

①亭主會說「どうぞ」，請客人享用醬菜，當湯勺（湯の子すくい，yunoko-sukui）放入湯斗裡準備舀起熱水時，正客要回「おまかせ」（譯註：omakase，意指「請讓我自己來」）。

②從正客輪流將湯斗拿在手上，打開蓋子之後一邊用湯勺攪拌熱水，一邊盛入裡頭剩一口飯的飯碗裡，做成茶泡飯（お茶漬け，ochazuke）

③醬菜放在向付的器皿裡，連同泡熱水的飯一起享用。

④湯碗與向付的器皿也倒入熱水，並且一飲而乾，好將器皿沖洗乾淨。

⑤所有餐點用完之後，用懷紙將膳盤的汙垢、碗、蓋與筷尖擦拭乾淨。

湯斗

享用湯斗時，湯勺舀起一瓢熱水淋在飯碗的白飯裡，做成茶泡飯。

醬菜

醬菜會按照人數分盛在大盤子裡，將其夾入自己的向付器皿中即可。

⑥當正客說「ご一緒に」（譯註：goisshoni，意指「大家一起放下筷子」），所有人同時將筷子橫放在膳盤靠手邊的這一側。這個落筷聲代表「ご馳走さま」（譯註：gochisousama，意指「謝謝您的盛情招待」），因此要配合彼此的動作，盡量所有人的落筷聲齊聲一致。聽到落筷聲這個暗號，亭主會出來打招呼，跪坐在相距一個膝蓋的距離鞠躬致意之後，客人再將膳盤親手交給亭主。

到此茶懷石料理整個畫下句點。接下來是品嘗抹茶。

◆抹茶的品嘗方式

在正式的茶懷石料理中端出的抹茶喝法與一般餐廳端出的煎茶、粗茶與焙茶截然不同。

抹茶可以分為茶會在經過繁瑣的泡茶順序（お点前，otemae）之後端出的濃茶（こいちゃ，koicha），以及喝完濃茶之後的淡茶（薄茶，ousu）。濃茶與淡茶喝法雖然相同，但正式來講，濃茶是數人輪流共用一個茶碗；相對地，淡茶則是一人一碗。不過一般餐廳端出的濃茶通常都是一人一碗。

濃茶

①右手端起茶碗，大拇指放在茶碗邊緣，稍微拿起後放在左手手掌上。

②一邊欣賞茶碗正面的圖案，一邊慢慢用右手將茶碗朝右轉四分之一。如果朝左轉的話，正面的花紋當然就會在左側。

③分三口半把抹茶喝光。喝完之後將茶碗置於手邊，沾到口的地方用懷紙輕輕擦拭。

④再次端起茶碗，用右手朝左轉回正面；右手拿好茶碗，慢慢地放在自己的面前。

如何品嘗抹茶

①

稍微行注目禮致意，並一邊用右手端起茶碗，放在左手手掌上之後，再用右手扶住。

②

一邊確認茶碗的正面，一邊朝右轉四分之一，盡量不要從茶碗的正面喝。

③

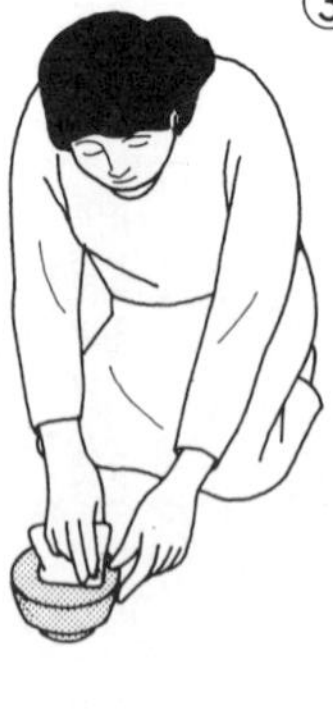

喝了三口之後一口氣將碗裡的茶飲乾。喝完之後茶碗放在手邊，用懷紙擦拭喝過的地方。

⑤欣賞茶碗時，先用雙手緊緊握住茶碗，手貼在榻榻米上觀賞，此時雙肘會自然而然地貼在雙膝上。欣賞茶碗時記住要端好握緊，以免茶碗打翻。

和菓子

品嘗抹茶的時候，通常會連同和菓子一起端出。這時候要先吃和菓子，再來飲用抹茶。餐廳通常會把和菓子放在小碟子裡，並且附上一支黑文字籤（牙籤），故食用時可以把器皿端至膝上，用黑文字籤將和菓子切成一口大小後再品嘗。

淡茶

在茶懷石當中，喝完濃茶之後原本要添加火爐中的木炭，稱為「後炭」（nochidimi），相當於為了舒緩緊張氣氛而抽一根菸的時間。而最後端出的，就是淡茶（薄茶，ousu）。這碗茶與濃茶不同，可說是略微談笑時所喝的茶。

淡茶的喝法與濃茶一樣，不過淡茶在喝的時候並不需要轉動茶碗，而且是一人一碗茶。另外一點與濃茶不同的，就是淡茶的味道較淡，沾過嘴的地方雖然不須用懷紙擦拭，但還是要用右手的大拇指與食指輕輕擦拭，這才符合禮節。

◆關於精進料理

所謂的精進料理，指的是不使用動物性（葷食）食材烹調而成的料理。據說這種料理的起源，是僧侶端下供奉在佛祖前的供品後，將其利用為餐點材料而開始的。

精進這個用詞來自佛教。不過神道當中亦有精進二字，念為「そうじ」（souji）或「しょうじ」（shouji），並且認為供奉給神靈的東西必須經過齋戒才行。

不殺生這條佛教戒律雖然衍生出禁止葷食的規定，但是神道卻是積極地將活跳跳的鯛魚放在三方（sanpou，底下的座台前方與左右這三方各開一個孔洞的方形膳盤）上，獻給神明。

齋戒通常為固定的某一段期間，這段時間必須使用有別於平常的不同爐火烹煮。這段期間結束後稱為「精進明け」（shoujin-ake），也就是開齋（精進落とし，shoujin-otoshi），齋戒的人必須到這時候才能夠吃魚飲酒，也就是從齋戒世界回歸到日常生活的界線。

這裡提到的精進料理指的是寺院提供的菜餚。為了鼓勵佛教徒屏除邪念，專心修行佛道，寺院不僅斷戒美食，改為粗食，還因為殺生就等同於讓自己置身在修羅場這個教義而禁葷食，進而衍生出以植物性材料為主的料理。這樣的精進料理在鎌倉時代經由道元禪師而奠定了形式。

原為僧侶的餐點如今已經變成神道齋戒沐浴（潔斎，kessai。即謹慎飲食等行為）與淨身（みそぎ，misogi）的餐飲，就連菜色內容也越來越花心思，如今成為大家熟悉的法事或佛事淨身餐點。

隨著時代的變遷，精進料理不僅菜色變多，連內容也越來越豪華豐盛。本來應該以粗食為優先考量的菜餚，如今卻演進成讓人感覺是有益健康的蔬菜料理。

精進料理是超越宗派的菜餚，在道元禪師之後的七百五十年間，寺院均一直遵守著嚴格的用餐禮儀，有不少地方甚至還將獨特的精進料理流傳給後世。

餐廳提供的精進料理雖然是代替寺廟烹調製成的，不過近年來在京都卻變得越來越普遍，在寺院旁以觀光客為顧客對象的精進料理專賣店也越來越多。精進料理本來是以粗食為主，而且不提供酒類；不過現在提供精進料理的餐廳卻會應客人要求提供酒，只要向店家說「般若湯」（hannyatou），就會端出日本酒，至於啤酒，則是稱為「泡般若」（awahannya）。

精進料理的膳盤組合與配膳方式

精進料理由「本膳」（honzen）與「二膳」（二の膳，ninozen）這兩個部分所構成，而「本膳」有下列七道菜。

●本膳

飯（meshi）＝通常為白飯。有時會因季節而提供竹筍

精進料理的配膳方式

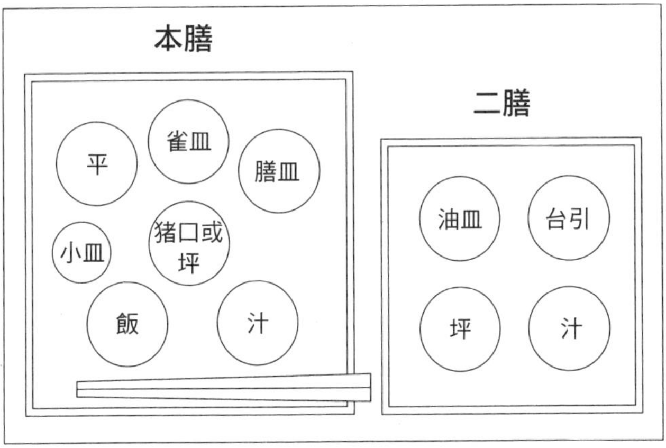

餐廳的精進料理大多由本膳與二膳所構成，如果有提供酒的話，飯、味噌湯與雀皿會最後才上桌。

飯或豆仁飯。

汁（shiru）＝味噌湯，配料是當季蔬菜。

小皿（kozara）＝茶筅茄或獅子椒。

猪口（choku）或坪（tsubo）＝與芝麻或嫩豆腐拌和的涼拌菜。

平（hira）或おひら（ohira）＝以竹筍為材料的滷煮菜。

膳皿（zenzara）＝添加蔬菜與海藻做成的醋拌菜。

雀皿（suzumezara）＝醬菜。

●二膳

汁（shiru）＝清湯，用餐用到一半時才會端出。

油皿（aburazara）＝素炸蔬菜或水果，如果是煮海藻或麵筋的話，則稱為「盛り込み皿」（morikomizara）。

坪（tsubo）＝芝麻豆腐。

台引（daibiki）＝基本上是伴手禮，通常為菊花蕪菁或網代昆布等容易帶回去的東西，當場吃完也無妨。

精進料理要跟隨「典座」（tenzo，負責烹飪的僧侶）的指示，在席者全員合掌之後再品嘗。如果是提供給在寺院參加法事者的精進料理，則稱為齋食（斎，toki.，おとき，otoki）。

西式料理篇

西式料理的餐桌禮儀以刀叉的使用方式為中心。不僅每道菜的刀叉用途不同，就連酒杯的形狀也是琳瑯滿目。細節部分因國家不同而有法式與英式等差異，不過這裡以當今主流的用餐禮儀來解說。此外還要介紹與近年來越來越普遍的自助式派對有關的一些必備禮儀知識。

第4章

西式宴會的基本禮儀

◆日本的西餐

日本自從在六七五年（天武四年）頒布牛馬猴雞的禁止殺生令之後，市民大眾就幾乎與肉食絕緣。另外，江戶時代實行的鎖國政策，讓能夠與外國交流的地區僅限於長崎的出島。

江戶末期的一八五三年（嘉永六年）七月八日，美國提督培里（Matthew Calbraith Perry）率領四艘黑船前來，造成日本國內輿論沸沸揚揚，進而促使與外國進行貿易交流的開國趨勢一舉高漲。

到了隔年，也就是一八五四年，日美締結和親條約（譯註：即神奈川條約）；一八五八年（安政五年）與美國、英國、荷蘭、法國及俄國簽下五國通商條約（譯註：即安政條約），開放橫濱、函館與長崎等港口，一八六八年還增開了大阪港。

被譽名為日本西式飯店始祖的「築地飯店」也在這個時候開幕。因為明治維新而開始的文明開化帶來了歐美文化，在飲食文化方面也造成相當大的影響。到了明治初年，甚至還有牛鍋屋等西式料理店開始營業。

傳聞當時還處於筷子文化的日本人在面對中間有孔洞的烏龍麵（通心麵）還有鴨兒芹沙拉等西式餐點時不僅要奮鬥一番，當面對菜刀（西餐刀）與三叉（叉子）時更是束手無策，只好用刀子叉起肉片，用嘴撕咬開來，在與西式料理的餐桌禮儀苦戰惡鬥之下，迎接西餐黎明期的到來。

一八七二年（明治五年一月），明治天皇的餐桌上出現了牛肉，甚至還向日本全國宣傳「天皇品嘗牛肉了」這個大消息。這樣的舉動，應該是加速肉食潮流的要因之一吧。

當年從新橋連接橫濱的鐵路開通，讓日本人第一次聽到「汽笛一聲」；而在料理的世界裡，肉食也終於解禁了。

於是橫濱的「崎陽亭」，以及隔年明治六年開幕的「築地精養軒」等西式餐廳與飯店在日本誕生了。同年年底，政府不得不制定一些牛肉商必須遵循的規定，以免市面上因為肉類交易增加而引起紛爭，這樣的措施，進而促使食用牛肉的現象越來越普及。

與歐美的貿易活動促進了文化交流，而堪稱兩者接點的社交場兼飯店的「鹿鳴館」也於明治十六年七月誕生。明治二十三年十一月，規模正式而且龐大的飯店「帝國飯店」完工，直到今日，依舊是日本大型飯店的先驅者。

外國人士的增加與邁向歐美化的趨勢牽動著西式料理的普及與發展。除了開港都市，日本全國還誕生不少以法國料理為主流、非常出色卓越的西餐廳。

為了普及與提升日本的「西餐與宴會禮儀」，天皇招待國賓的宴會禮儀長久以來一直是人民參考的範本，並且在大型都市飯店的正式高級「法國料理宴會」中扮演著相當重要的角色。

◆宴席相關知識

關於餐前酒

宴會在開席之前，等候室或休息室會提供餐前酒，目的是為了讓客人在用餐之前能夠稍微刺激胃，藉以提振食慾，使心情更為開朗，同時也讓料理更加可口美味而飲用的。

此外，在餐廳點菜時，對方也會提供餐前酒讓客人一邊品飲，一邊慢慢思考要點什麼菜。餐前酒有雞尾酒或苦艾酒，有些宴席還會提供梅酒。礦泉水也被列在餐前酒的酒單之中。端起餐前酒時，要用大拇指與其他手指支撐玻璃杯的杯頸。如果是小型玻璃杯的話，就用小指從下方支撐杯底再拿起，這樣就能夠穩穩拿住。不想喝的時候可以婉拒。

如何就座

要就座時先站在椅子左側，右腳跨入，雙腳併攏之後再坐下。坐好之後將椅子往前拉至與餐桌相隔一個拳頭（約十～十五公分）的距離，背伸直之後再慢慢坐穩。

椅子席前的餐桌上會擺著一個裝飾盤（位置盤），盤上通常會放條餐巾。

將裝飾盤上的餐巾拿下之後，這個裝飾盤就會變成接下來端出的前菜與湯盤的底盤。

餐桌在擺設的時候會參考人數來佈置，而一開始會將裝飾盤排放在桌上（一般的宴席約間隔七十五公分），再把椅子擺放在前面。就座時盡量讓椅子與裝飾盤對齊。而用餐的時候更不可以將手肘放在餐桌上或者是蹺腳。

如何坐在座椅席上

服務生拉開椅子之後從左側走到椅子前面，並且慢慢地坐下。

如何放置手提包

手提包不可以擺在餐桌上。至於女性的小包包可以放在坐的那張椅子靠背處。如果不是座位席的話，就放在椅子右側的地板上。使用包包掛鉤時，就掛在下座那一側，盡量不要觸碰到鄰座的人。無論擺在哪裡，都要盡量避免妨礙到服務生工作。

如何使用．擺放餐巾

正式的晚宴要到甜點這個部分才會打招呼，故就座之後主人（招待者）會拿起餐巾，而同席者也跟著主人拿起餐巾。

如何就座

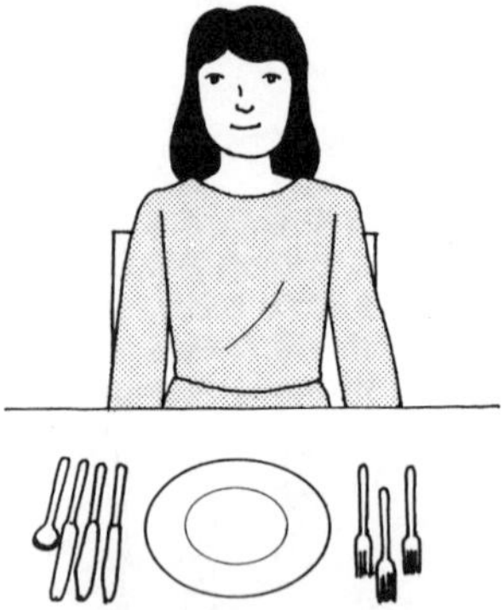

背伸直，餐桌與身體之間維持一個拳頭的距離，這樣坐姿看起來會比較美麗。

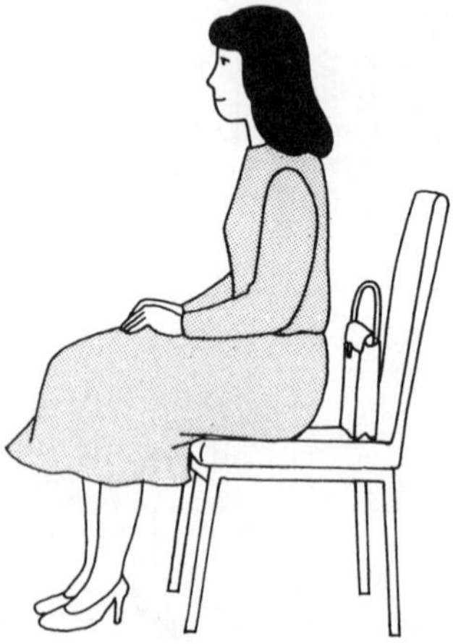

女性的手提包放在背與椅子的中間，或者是放在右側地板上。

然而一般來說，在日本的宴席上通常都要等到致詞或招呼結束之後才會乾杯，因此在還沒乾杯之前，餐巾盡量不要拿起來。

正餐使用的餐巾在宮中的宴會是七十五公分的大塊方布，一般的宴會通常是六十公分的方形布，並且折成各式各樣的形狀之後置於裝飾盤上。

將餐巾放在膝上對折時，盡量不要引人注意，折好後將摺痕朝向自己並放在膝上。穿著和服時，不要塞在超過腰帶的高度上。

餐巾是用來擦拭嘴角與手指，所以不要拿來擦拭脖子上的汗水。

如何使用餐巾

＜擦嘴的時候＞

擦拭嘴邊或手上的髒汙時，要用往內折那一面的邊角。用自己的手帕擦的話有違禮節。

＜如何折餐巾＞

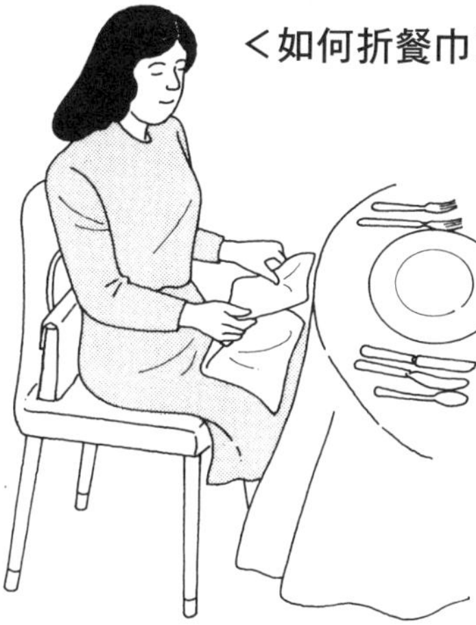

打完招呼與乾完杯之後再拿取餐巾。放在膝上對折後將摺痕朝向自己。

要擦嘴角時，用餐巾的邊角輕壓就好。

餐巾裡如果包著麵包，就將麵包移到麵包盤中；如果沒有麵包盤，就放在左側的桌巾上。

離席時餐巾稍微折好後放在餐桌上，中途離席亦同。宴會還沒結束但不得不離開座位時，就把餐巾放在自己的椅子上。

如何使用擦手巾

即使是西式宴席也會使用擦手巾。在日本料理的宴會上行禮致意時，雙手必須放在榻榻米上，所以才會提供擦手巾讓客人

如何擺餐巾

＜離席時＞

離席時簡單地將餐巾折好放在桌上，毋須折得太整齊。

＜中途離開座位時＞

用餐用到一半需要離開座位時，將餐巾放在椅面上即可，沒有折好也無妨。

擦拭手上的髒汙，這是榻榻米室的禮儀。

如果是西餐的話，在進入宴席之前先到洗手間將手與臉梳洗乾淨是禮儀，因此擦手巾就成了日本獨特的禮節，至於使用方式與日式料理篇相同。

用餐的速度

進入宴席之後到結束都不退席是基本禮儀。

料理會先端到主客面前，因此不可以比主客先用餐。而在大型宴會裡，通常要等到鄰座的二至三人的菜都上了才會開始用餐。

儘管每個人開始用餐的時間有早有晚，但是用餐完畢的時間一定要盡量全員一致，這一點不論東西方，都是基本的用餐禮儀。留意周圍的同席者並且互相配合彼此的用餐速度，可說是享受一頓愉快餐會的基本禮儀。

關於吸菸

在宴會上尤其是用餐的時候，原則上嚴禁吸菸。想要吸菸的話，必須等到所有的菜都上完，進入甜點，並且得到鄰座者的許可才行。

如何乾杯

乾杯會在開宴之前舉行。杯子裡倒的通常是香檳或啤酒，當聽到有人高喊乾杯時，先起立再舉起酒杯。

一開始乾杯時，不管會不會喝酒，禮貌上酒杯都要拿在手裡。乾杯時先向主客乾杯，接下來是主客向招待者乾杯，眾人一同乾杯，最後向國家元首乾杯，有時甚至會一杯接著一杯喝。

乾杯時先將酒杯舉至與視線同高，與鄰席者及前席者稍微點頭致意後再喝。杯杯對敲發出「鏗」的聲音在正式的宴會上有違禮儀。而能夠杯杯對敲乾杯僅限於同伴之間的宴會。不過在這種場合先舉杯向前輩或上司敬酒是一件非常沒有禮貌的事，必須等待對方向自己乾杯才行。

在頒獎、壽宴、宴請國賓等宴會上想要向某人「乾杯」致意時，所有參列者會起立舉杯致意，而接受祝賀的人則是「坐著」接受眾人的祝賀。

等所有人就座之後，接受祝賀者起立，隨同謝詞以及對眾人的感謝舉杯致意，並高喊乾杯。此時所有參列者均坐在座位上，不須起立。

獻杯時要面對佛祖或亡者，並將酒杯舉至超過視線的高度。此時不須向同伴或鄰席者致意。

如何喝．拒絕喝啤酒

享用西餐時，啤酒是直接倒在置於桌上的酒杯裡。不只是酒杯，在西式的餐桌禮儀當中要請人倒飲料時，不須舉起杯子。喝的時候右手握住啤酒酒杯中央略靠杯底的地方，喝的時候只要用右手拿起即可。女性的話可以將左手手指併攏，感覺就像是要支撐杯底般托著杯子。啤酒雖然是屬於用喉嚨品嘗的飲料，但是不要一口氣喝乾，要分二至三次喝完。

啤酒與葡萄酒一樣，當要拒絕別人幫你斟酒時，將手伸至酒杯上蓋住杯口即可。要控制喝酒的速度時也是一樣。已經喝不下時，將杯子倒放就可以了。

◆葡萄酒的基本知識

葡萄酒的效用

葡萄酒因為與西餐（法國料理）相遇，使得兩者能夠發揮相乘效果，讓味覺的樂趣倍增，堪稱長久以來創造西歐飲食文化的飲料。

葡萄酒鮮豔的色調與芳香，以及彷彿在傾訴心靈的風味與餘韻，使其散發出獨有的魅力。而西方更是稱葡萄酒為「藥中之王」。

在各式酒類當中，葡萄酒的歷史最為古老悠久。而以葡萄酒盛產國而聞名的法國據說從西元前六百年左右，就已經開始

如何婉拒對方為你倒酒

想要婉拒對方為你倒啤酒或葡萄酒的話，當對方準備幫你斟酒時，就單手輕輕蓋住杯口，這樣就能夠將你的意思傳達給對方了。

栽種葡萄，並且釀造出葡萄酒。

日本人也開始愛上葡萄酒。有別於過去的自然發酵、口味跟現代一樣的葡萄酒要到進入與西歐文明交流的明治時代才開始普遍，因此嚴格來說，日本的葡萄酒歷史才不過百餘年。

葡萄酒的滋味屬於鹼性，能夠養顏美容；溫和的酸味、鮮豔的色調、優雅的芳香，以及適度的酒精濃度（通常為八至十三度）亦深受女性喜愛。

葡萄酒非常適合歐洲的氣候風土與美食，並且一路發展成飲食生活中的必需品。人們不僅為了讓料理更加美味而釀造出品質絕佳的葡萄酒，更為了不讓高級葡萄酒專美於前而不斷努力地烹調出令人垂涎三尺的佳餚。

在歐洲那些酸味濃郁的獸肉料理當中，被稱為「蔬菜飲料」的鹼性葡萄酒已經成為飲食生活中不可或缺的飲料了。

葡萄酒的種類

葡萄酒分為紅葡萄酒、白葡萄酒，以及居中的粉紅葡萄酒。其他還有加強葡萄酒（fortified wine），也就是酒精濃度超過四十度或者是添加白蘭地的葡萄酒，與增添藥草或蜂蜜等精華的綜合葡萄酒（mixed wine）。

●紅葡萄酒（rouge）

紅葡萄酒是以紅、黑、紫等有顏色的葡萄為原料，將果皮、果肉與籽一起搗碎之後發酵釀製的葡萄酒。

葡萄的黑色果皮裡含有豐富的花青素，而果肉與葡萄籽裡含有澀味（單寧），所以才會將這些材料一起發酵釀製。紅葡萄酒以鹼性豐富、色呈紅色而且充滿澀味為特徵，並且以室溫（葡萄酒的原產地，也就是法國的年均溫為攝氏十五至二十度）為最佳的飲用溫度。

●白葡萄酒（blanc）

白葡萄酒是將葡萄搗碎之後去除籽、果皮與果肉，只留下白色果汁發酵，盡量不摻入單寧與澀味釀製的葡萄酒，口味方面從甘口（甜）到辛口（不甜）應有盡有。但是與紅葡萄酒相較，白葡萄酒非常重視高雅的風味，也就是沒有澀味、略帶甜味的辛口葡萄酒。至於白葡萄酒的飲用溫度，甘口是六至十度，辛口則以十度上下為佳。

●粉紅葡萄酒（rose）

製作時使用的雖然是與紅葡萄酒相同顏色的葡萄，但是在發酵的過程當中會將果肉去除，因而呈現出比紅葡萄酒還要淡的中間色，而且幾乎沒有澀味。適合以十度左右的溫度，搭配雞肉料理品飲。

◆葡萄酒的禮儀

葡萄酒套餐原本是由白葡萄酒、粉紅葡萄酒、紅葡萄酒與甜酒（dessert wine）所構成，不過葡萄酒本身就是料理，故可依客人喜好提供。

葡萄酒是種非常纖細的飲料，在處理上要非常小心，就算是倒在葡萄酒杯裡也有好幾條規定需要遵守。

- 葡萄酒杯必須無色透明、可以欣賞美麗色澤的酒杯。
- 杯型略大、適合聞香，屬於鬱金香造型的酒杯。

這樣的酒杯比較適合當葡萄酒杯。

如何開葡萄酒

歐洲有句古語：「讓葡萄酒從沉睡中覺醒」，因此當葡萄酒的軟木塞一打開時，千萬不要急著喝，先放個十至二十分鐘後再品嘗。

葡萄酒在釀造時會添加「亞硫酸」，因為適量的亞硫酸可以讓葡萄酒更加芳香，色澤更加美麗，而且還能夠預防腐敗。開瓶後之所以要將葡萄酒放置一段時間，目的是為了讓充滿亞硫酸的氣體與空氣快點從瓶中散去。不過有的葡萄酒一開瓶就可以直接飲用，有的就像是讓「睡美人」從沉睡中覺醒一樣，必須慢慢地花上一段時間，讓圓醇的葡萄酒變得更加柔順之後再來飲用。

如何喝葡萄酒

喝葡萄酒時，要用右手的大拇指與其他手指以

如何拿葡萄酒杯

拿的時候要握住杯頸，以免辛苦釀造的葡萄酒變溫。

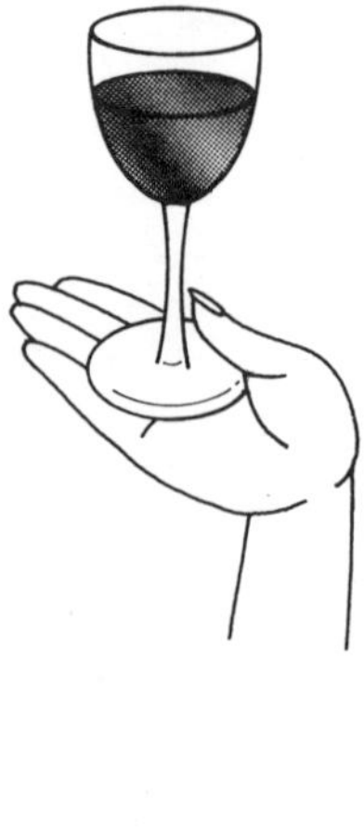

試喝的時候將杯底放在手掌上，並用大拇指壓住，使其固定。

夾的方式握住酒杯後再拿起。

試喝葡萄酒的時候，右手四根手指放在杯底，大拇指壓在杯底上。

另外一種拿法，就是杯頸夾在右手中指與無名指之間，大拇指、食指揑住杯頸上方。

拿起葡萄酒杯之後，接下來就是品飲。拿起酒杯靜靜地往水平方向晃動，讓香味釋放出來，嗅聞散發出來的酒香，欣賞色澤美麗的酒液，靜靜地含口酒在嘴裡，使其在舌上滾動賞味。之後即可自由飲用。

如何倒葡萄酒

葡萄酒在倒的時候，必須將葡

請人倒葡萄酒時

在西式用餐禮儀當中，不只是葡萄酒，凡是要請人倒飲料時，都不需要將杯子拿起。

萄酒杯放在桌上讓服務生直接倒，客人盡量不要把酒杯拿起。至於注入的量，以杯子最寬的地方為上限，因為這個地方是注入的葡萄酒表面積最寬的部分，可以享受到最棒的酒香。另外，葡萄酒在倒的時候會非常緩慢，以免堆積在瓶底的沉澱物攪混了酒液。

餐前．餐後的葡萄酒

有些種類不同的葡萄酒是在餐前或餐後飲用的。例如提供餐前酒（apéritif）時，會端出能刺激胃液分泌、辛口的雪利酒或者是滋味略甜的葡萄酒。

餐後的甜酒（dessert wine）具有餐後清口的功能，通常會提供甘口的葡萄酒或雪利酒以替代滋味甘甜的料理或飲料。

如何試飲葡萄酒

當有人點葡萄酒時，服務生會先倒入二至三口的葡萄酒在杯裡，主要是讓主人了解葡萄酒的風味、芳香與溫度。

試飲葡萄酒時，先將酒杯拿在手上觀察顏色，接下來是嗅聞酒香，最後再含一口酒在嘴裡，細細品嘗之後再來判斷這瓶酒。

判斷葡萄酒好壞的主要要素如下：

●色調

也就是葡萄酒的清澈程度與色澤透明感。酒液混濁時，有可能是因為這裡頭有所缺陷，不過沉澱在瓶底的沉澱物與葡萄酒的品質無關，對人體並無害。

從酒杯的正上方觀察的話，可以看出酒液色澤的濃度與深度；杯子傾斜觀察葡萄酒邊緣的話，就能夠掌握葡萄酒的熟成程度。

紅葡萄酒的顏色如果帶紫色，表示熟成時間短；如果是紫紅到咖啡色，代表熟成時間長。

白葡萄酒如果是從淺黃色到金黃色，或者是具有光澤的透明感的話，代表已經熟成；但是如果帶有咖啡色的話，就代表這瓶酒可能已經氧化。不過有的琥珀色甘口葡萄酒卻是充分熟成的高品質葡萄酒。

●香氣

鼻子靠近葡萄酒杯，靜靜地嗅聞酒香。接著將酒杯晃動四至五次，讓裡頭的葡萄酒接觸空氣，促進氧化，讓酒香更加濃郁。接著再次享受酒香，並且觀察品質的特徵。葡萄酒的芳香會因葡萄酒的品質與產地的自然條件而異，形形色色，琳瑯滿目。

●滋味

將少量的葡萄酒含在嘴裡漱一漱，讓酒液分布到舌頭上的每個味蕾。舌尖的味覺是甜味，兩側是酸味，舌根部分是酸味與苦味，由此可以知道葡萄酒的品質好壞與否。

◆如何看法國料理的菜單

日本正式宴會上的西式料理是法國料理。有不少餐廳的西式料理（法國料理）菜單是以英語來呈現，然而法國料理的調味與烹調方式等卻難以透過英語來表現出其中微妙的差異，因此有些飯店或餐廳的菜單會以法語來表示。

如何晃動葡萄酒杯

手指夾住杯腳並且慢慢地晃動四至五次，以促進葡萄酒氧化。

為了大致了解菜色內容與菜單結構，接下來要介紹正式晚宴菜單的概要。

●前菜（冷蔬菜或溫蔬菜） HORS-D'ŒUVRE

正確完整的日語是「オール・ドゥーヴル」。法語中的 D'ŒUVRE 意指作品，也就是料理；HORS 意指外面，因此 HORS-D'ŒUVRE 就是套餐料理以外的意思。不過日本人已經習慣用「オードブル」這個字。

HORS-D'ŒUVRE 雖然是前菜，但是外觀相當美麗，會讓人看了不禁食指大動，充分發揮出讓人對下一道菜期待萬分的功能。

●湯 SOUPES

晚餐從湯開始，午餐從前菜開始，這是一般套餐進行的順序。而湯的內容有下列幾種：

① 清湯 CONSOMMÉ

利用蛋白讓牛肉高湯更加清澈的清湯。

② 濃湯 VELOUTÉ

蔬菜熬燉過濾後利用麵粉或米增添稠度的濃湯。

③ 菜泥濃湯 PUREÉ

蔬菜熬燉過濾後加入蛋黃讓菜泥變得黏稠的濃湯。

④ 奶油濃湯 CRÉME

以清澈的金黃色清湯與俗稱 potage 的混濁濃湯最為人所熟悉。正確來說，就是 consommé 與 potage。

●魚類料理 POISSONS

魚類料理中包含了甲殼類（螃蟹、蝦子與龍蝦）。不僅是食材的新鮮度，醬汁也是決定風味好壞的關鍵要素。

●肉類料理 ENTRÉES

以烤或蒸的方式烹調的肉類與禽類料理，有時會端出好幾種，在菜單當中算是主菜。在正式晚餐當中，蒸烤禽獸肉算是招待等級最高的料理之一。當這道菜上桌時，通常會附上紅酒。

●沙拉 SALADES

蔬菜以盤中配菜的形式出現居多，而沙拉裡頭則以當季時蔬為主。法式沙拉淋醬雖然是主要的調味方式，不過有時也會淋上風味獨特的醬汁。

●甜點 ENTREMETS

套餐進行到這裡就是甜點套餐，會提供慕斯、派等糕點。另外還有被稱為甜酒的甘口酒、波特酒等酒類，不過有時也會提供其他冰涼的甜點或冰淇淋。

●水果 FRUITS

會端出成熟的當季水果。將喜歡的水果取放在小碟子裡享用即可。

●咖啡 CAFÉ

會將味濃的咖啡盛裝在一種名為 Demitasse 的小型咖啡杯裡。干邑白蘭地（Cognac）也是在這個時候端出。

●小點心 PETITS FOURS

小點心會隨同咖啡一起端出，有時會是小塊的巧克力。

法國料理晚餐菜單範例

〔一般的晚餐套餐〕
Millefeuille de Saumon fumé et St-Jacques
（燻鮭魚扇貝千層派）
Consommé Double au Xérès
（特製清湯 雪利酒風味）
Blanc de Turbot aux Épices
（蒸比目魚 佐香辣醬汁）
Pièce de Bœuf Rôtie a la Broche
（串烤牛背肉 ）
Les Pimeurs
（溫蔬菜）
Salade Quatre Saisons
（時令沙拉）
Bombe Exotique
（百香果冰點）
Melon
（哈密瓜）
Café
（咖啡）

〔宴會的套餐〕
Aumônier de foie gras
（派皮包鵝肝醬）
Multicolore de crustacé au vinaigrette
（鮑魚、明蝦、海膽、魚子醬沙拉）
Soupe aux truffes en croûte
（松露湯）
Blanquette de homard
（奶汁龍蝦）
Sorbet aux yuzes
（柚子冰沙）
Côte de bœuf de kobe en coque de sel
（特選鹽殼包烤牛背肉）
Matsutake et légumes de saison
（松茸與當季青蔬）
Fromage et petite salade
（起司與沙拉）
Grand dessert
（綜合甜點，推車服務）
Café
（咖啡）

第5章

西式套餐的餐桌禮儀

◆關於餐具的擺置

西式套餐在擺置餐具時，會將花器置於餐桌的正中央。刀子與叉子會按照使用的順序由外往內排，杯子類的話則是按照提供的飲料順序，從右側靠內處朝外側排列。酒杯的大小因酒的種類而異，有香檳杯、紅葡萄酒杯、白葡萄酒杯、啤酒杯與摻水威士忌酒杯，而最大的是水杯。杯子如果擺在內側的話很容易打翻，放在左邊又不好拿，因此才會置於右邊。點心用的刀叉會從外側朝內側排放。為了讓左手能夠隨時拿起麵包，塗抹奶油，因此麵包盤與奶油盤會置於左側。另外，喝咖啡時使用的咖啡匙（demitasse spoon）有時並不會隨同咖啡一起上桌。左邊的插圖是一般套餐的餐具擺置圖，供大家參考。

宴席有時會隨著提供的料理而準備魚刀匙（醬汁匙）。刀叉類的餐具基本上要依序從排放在外側的刀叉開始使用。如果是單點的話，則會根據點的菜來擺置需要的刀叉。

套餐餐具的擺置

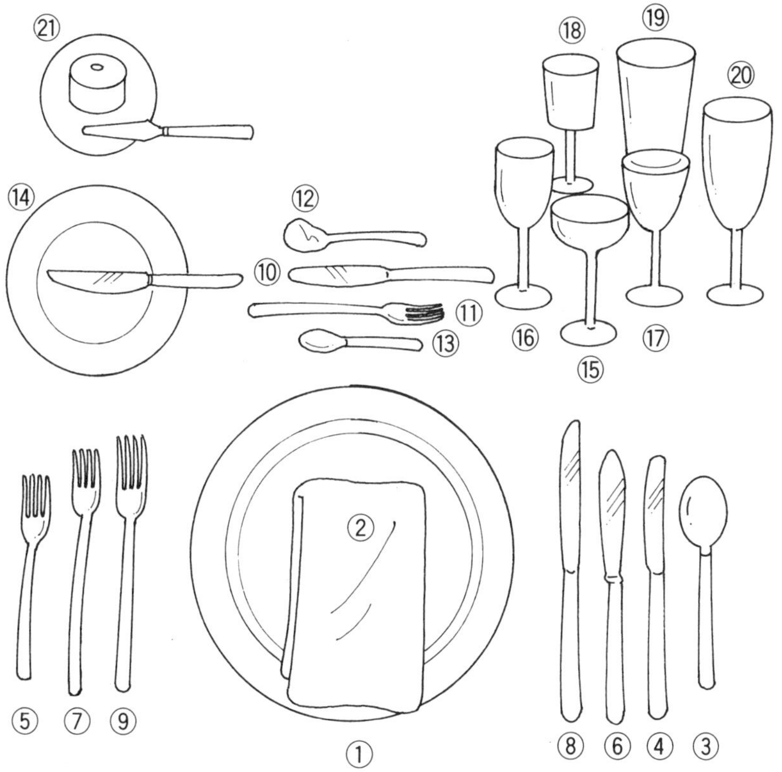

①裝飾盤（底盤、位置盤）
②餐巾
③湯匙
④前菜用刀
⑤前菜用叉
⑥魚刀匙
⑦魚用叉
⑧肉用刀
⑨肉用叉
⑩水果用刀
⑪水果用叉
⑫冰淇淋匙
⑬咖啡匙
⑭麵包盤
⑮香檳杯
⑯紅葡萄酒杯
⑰白葡萄酒杯
⑱雪利酒杯
⑲大玻璃杯（用來盛裝啤酒或摻水威士忌）
⑳水杯
㉑奶油盤

◆如何使用刀叉

正確來說，刀叉應該是要跟著每一道菜一起上桌，不過現在通常都會事先簡單地排放在裝飾盤左右兩側。

刀叉會根據上桌的料理順序由外側向內排放，因此只要依序從外側開始使用就好。有些宴會會在右側的刀子外放上一根湯匙，這是為了讓整套餐具看起來更加美麗均衡而擺置的，並沒有特殊含義。有些套餐會從湯品開始上桌，因此不須顧慮到這根湯匙的使用順序，等湯上桌時再使用就好。

刀叉的拿法

右手拿刀，左手拿叉。拿叉子的時候叉背朝上，左手手掌整個握住叉柄，食指放在叉柄前方，指尖緊緊壓住叉子。至於刀子則是整個握在右手裡，食指伸直放在刀背上施力，讓刀刃更加穩定。另外，大拇指與食指牢牢握住刀刃根部也可以。

雙肘不要張開，兩手手腕斜放；刀子由左朝右拉，左手的叉子輕放在盤子上，用餐時只要刀子稍微移動就好。

銀製的刀子並沒有刀刃，只要叉子叉入食物時用刀子一劃，就能夠輕鬆地將食物切開。

正式的宴席雖然不提供飯，不過料理與飯類可以放在叉腹凹處食用，也可以用刀子將食物推向叉尖，再用叉子輕輕叉起食用。吃的時候，叉子與前方略呈直角，再將食物送入口中。

有的人會把飯放在叉背上，用刀子壓平之後再吃，其實飯類與豆類還是盡量用叉腹撈起來吃較好。

如何拿刀叉

拿的時候通常刀子的刀刃會朝下，叉子則是叉腹朝下，這兩者均用食指從上壓住，這樣拿的時候會更加穩定。

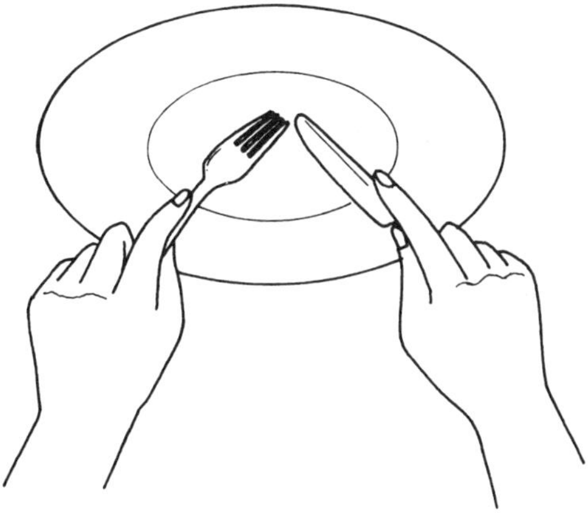

用餐中的刀叉擺法

用餐用到一半、聊天或者是手上有飲料時，刀叉可以擺成八字形放在盤中，或者是交叉擺在盤子的正中央，代表還在用餐，例如歐洲人通常都會將刀叉放在盤子上。

只使用叉子的話，刀子就直接放在盤中，並改用右手拿叉子就好。

西式料理會從座位左側上菜，用餐完畢的餐盤只要放在左側，服務生就會幫忙收拾，不過飲料卻是從右側提供，因此拿著刀叉時，動作絕對不可以太大。

用餐的時候就算刀子掉落、餐巾滑落，甚至是食物滾落，都不能自己鑽到桌子底下，或者是彎腰撿拾。這時候要靜靜地舉手請服務生過來，讓對方幫你處理。

用餐中的刀叉擺法

刀叉通常會在盤裡擺成「八」字形。叉背朝上，刀刃要朝內。

即使遇到刀子或盤子上有髒汙的時候也要以同樣的方式請服務生過來幫你換新的，或者趁周遭沒有人注意的時候，若無其事地用餐巾擦拭乾淨。

用餐結束後的刀叉擺法

用餐結束之後，刀叉併攏斜放在盤子的正中央。這時候刀刃朝內，放在叉子外側，並且將叉子的叉腹朝上，這樣就代表餐點已經用完了。

從用餐完畢的刀叉擺法可以窺探出每個國家的習慣差異，例如將刀叉直向擺放在手邊是美式，橫向擺放是法式。但是無論如何，將刀叉併攏放在盤子的正中央卻是共同的餐桌禮儀。

餐後的刀叉擺法

刀叉併攏之後斜放在餐盤上，叉腹朝上，刀刃朝內。如果有刀架的話，每用完一道菜，就放在刀架上。

菜吃不完時，就整個聚集到盤子中央略朝外的地方，讓盤子看起來略微整齊。至於刀叉，就併攏放在剩菜的前方。

◆如何享用套餐

前菜

前菜是由服務生將裡頭盛滿十人份菜餚的大盤子從客人左側端上桌的料理。大盤菜通常會附上公叉與母匙，因此夾菜的時候要先用右手以拿筆的姿勢握住湯匙，撈起菜餚之後，再用拿在左手的叉子輕壓，盛入自己的盤子裡。這時候雙肘不要張得太開。

夾菜的時候只夾取自己喜歡吃，而且吃得下的分量，絕對不可以有剩。夾好菜之後，湯匙與叉子平行併攏放回盤中即可。

日本通常會由服務生將前菜分盛至客人的盤子裡，不過正式作法應該是要自己分取至盤中，並將自己夾的菜全部吃完才符合禮儀。

湯

湯會先盛入湯碗裡，再由服務生用湯勺把湯舀到客人的湯盤（湯杯）中，並且倒至八分滿。

西方人認為湯也算是一道菜，因此他們不說喝湯，而是用「吃」這個字來表達。

喝湯時用的是右側略大的湯匙。食指與中指輕輕夾住湯匙，拿的時候無名指放在下方，大拇指從上稍微扶住即可。左手稍微托著湯盤，喝湯時再由內往外舀。

喝湯的時候，湯柄朝外，將湯匙舉至與嘴巴相同的高度，略微傾斜，將湯匙前端放入嘴裡，喝湯時

如何夾取前菜

右手拿著母匙，左手拿著公叉，夾取適量並盛入自己的盤子裡。

不發出聲音並且一口喝完。喝湯時如果是讓嘴去靠近湯匙的話，看起來很像狗在吃飯的模樣，因此手肘要放下，盡量貼在腋下，筆直坐挺之後再喝湯。

湯如果只剩下一些的話，就將湯盤從內側端起，朝外略微傾斜，這樣就能夠把湯舀乾淨。至於舀湯的方式，由內朝外舀是英式，由外朝內舀是法式。

湯盛好之後，有時其他服務生會過來在湯上面撒上餅乾或麵包粒。

不管是湯還是其他菜餚，吃東西的時候發出聲音叫做「野獸吃飯」，這是最令人厭惡的舉動。留下少許湯在湯盤中是禮儀，不需要喝到一滴不剩。喝完湯之後將湯匙斜放在湯盤的正中央即可。

如果是有派皮的湯，先用刀子在派皮表面橫切出一條切痕，一邊用湯匙將派皮從內側翻至湯裡，一邊連同湯或湯料品嘗。

盛在湯杯裡的湯

當端出的是有杯耳的湯杯時，可以雙手端起，直接就口飲用。這時候附上的湯匙是用來嘗試湯的溫度，試過一兩口湯之後，就放在湯盤的外側。另外，撈起湯料的時候也可以使用。

如何喝湯

＜基本的喝湯方式＞

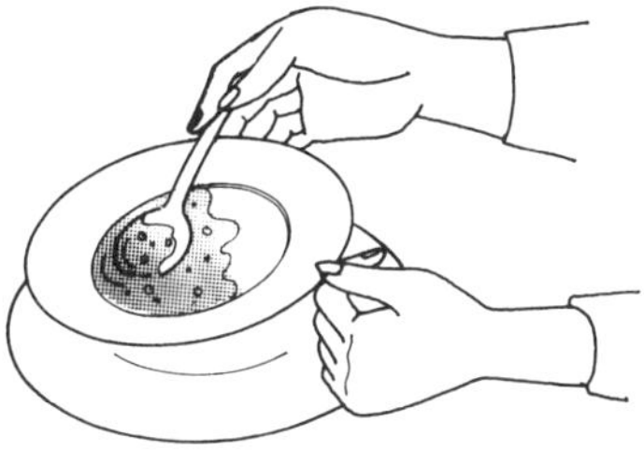

湯匙由內朝外把湯舀起，舉至與嘴巴同高後，慢慢地從湯匙前端把湯喝下才是喝湯的訣竅。

＜盛入湯杯時＞

湯如果是盛入湯杯裡的話，先用雙手拿起杯耳，直接就口飲用。要注意的是，喝湯時不要發出聲音。

麵包‧奶油

麵包會置於餐桌左側，而且與飯一樣，當麵包上桌時不要急著拿起來吃，必須等到湯喝完再拿。雖然吃多少都沒關係，但是當所有的菜都上完之後，麵包也要盡量吃完，這樣才是聰明的吃法。

麵包拿在左手上，並在麵包盤上用右手撕下一口；將左手的麵包置於餐盤上，右手的麵包改用左手拿，並且用奶油刀將放在麵包盤外側的奶油塗抹在麵包上食用。奶油可依個人喜好塗抹，不塗也沒關係。

如何吃麵包

奶油雖然是依個人喜好塗抹，但是端出的如果是共用器皿的話，就用附上的奶油刀挖取需要的分量至自己的麵包盤後再塗抹。

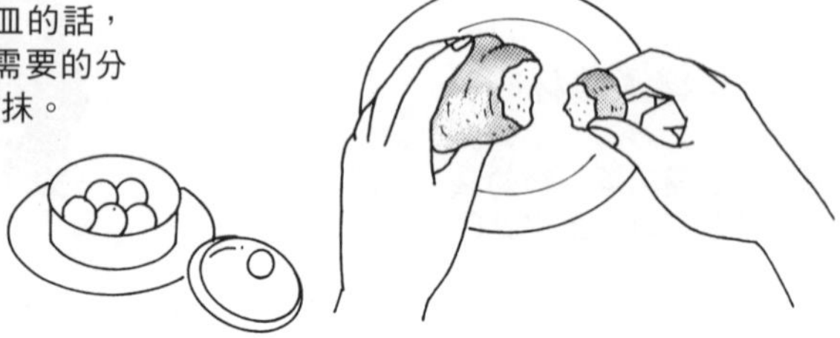

拿一至兩個麵包在麵包盤裡，在盤中撕成一口大小後再食用。沒有麵包盤的話，就放在餐巾上。

不可以將整個麵包拿起來咬、放入湯裡，甚至用麵包把盤子上的湯汁擦乾後再吃，不過可以沾肉汁或醬汁吃。

正式的晚餐當中麵包並不會放在麵包盤上，而是直接放在餐巾上。這種情況通常不會提供奶油。

奶油提供的情況分為兩種，一個是放在共用的奶油盤上端出，一個是分成一人份之後端出。放在共用的器皿上端出時，會附上一支共用的奶油刀，可以用那支奶油刀分取需要的分量，並放在自己的麵包盤上。沒有麵包盤時，就放在餐盤的盤緣，接著再用自己的奶油刀將奶油塗抹在麵包上品嘗，絕對不可以用共用的奶油刀把奶油塗抹在自己的麵包上。

散落在餐桌上的麵包屑沒有必要自己整理乾淨，服務生事後會過來整理餐桌，所以放著就好。

魚料理

享用魚料理時，使用的是有刻花的銀製或鍍銀的刀叉，因為像魚料理這樣味道淡薄的菜如果用鋼這種金屬類餐具的話，很容易破壞食物的風味。如果只是鍍銀的刀叉，又難以與其他刀叉區別，所以才會特地在上頭刻花，讓人一看就知道這是吃魚專用的刀叉。至於銀製的刀子則是沒有刀刃。

西式料理中的魚跟日本料理一樣，不管是全魚還是魚塊，都會將魚頭朝左，魚腹朝內。

左手的叉子壓在左側魚頭的那一端，右手的叉子沿著中骨從頭朝尾切開。有些魚在從中間切入一刀之後，會先將上方靠內側的一半魚肉切開放在餐盤上，吃完之後再吃靠外側的那一半。吃魚的時候可以用左手的叉子叉起來吃，或者是放在叉腹上享用。

上方的魚肉吃完之後，將刀子放入中骨與下方的魚肉之間並且拉出一條縫隙，接著左手的叉子壓住魚頭，刀子從魚骨與魚肉之間劃過，刀刃朝魚頭靠近，並從魚頭根部將魚肉切下；刀刃轉向，將魚尾部分的魚骨與魚肉切開。

用刀叉將下方魚肉挪至內側，帶著頭尾的魚骨推到盤子外側之後再品嘗。吃下方魚肉的時候之所以不翻面，是為了避免盤中熱呼呼的醬汁四處飛濺。

魚頭等不吃的部分整個聚集在餐盤外側，吃完之後再用魚骨蓋住，這樣看起來比較美觀。將吃剩的菜整理整齊，是遵守餐桌禮儀時非常重要的一點。

附檸檬的時候，如果附的是檸檬片就放在魚肉身上，用刀子壓擠檸檬，讓香味整個

如何吃魚料理

①

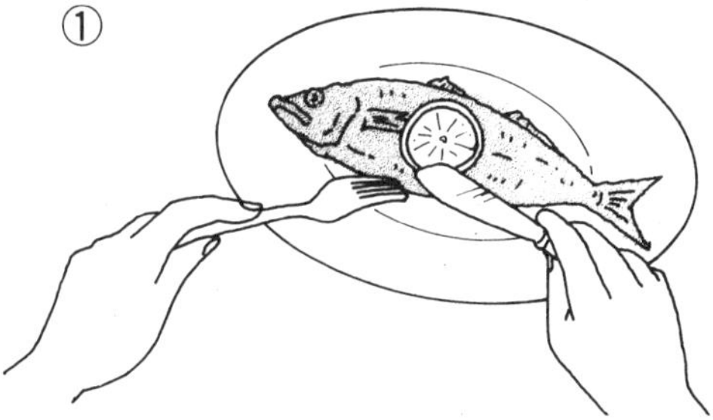

將檸檬切片放在魚上面並用刀子擠壓，讓檸檬香滲入魚肉中。

②

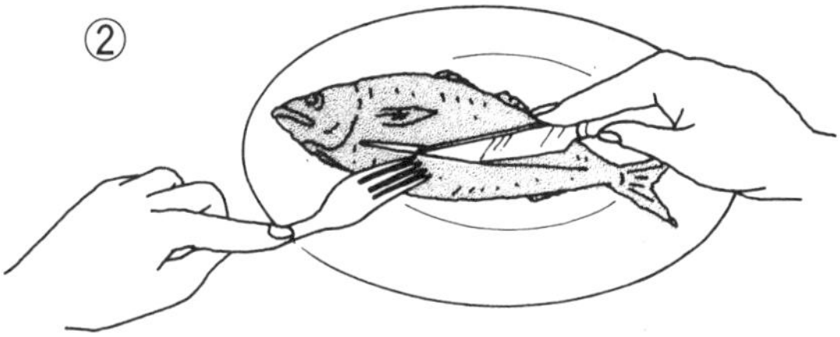

叉子壓住魚頭那一端，刀子沿著中骨劃開。

③

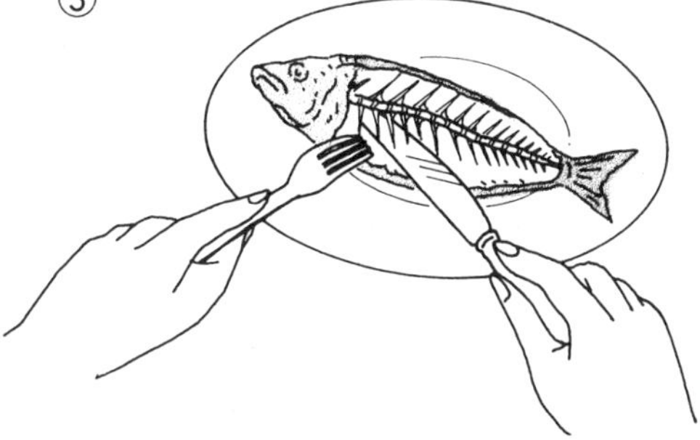

上方的魚肉吃完之後，刀子放入魚骨與下方魚肉之間，並將魚骨拉起。

④

用刀子將魚頭魚尾與下方魚肉切開，魚肉拉至盤子內側食用。

滲入魚肉裡之後再品嘗。

如果是切成半月形的檸檬塊時，右手拿著檸檬，左手遮住以免果汁四濺，並將檸檬汁擰擠在魚肉上方。

搭配魚料理的飲料通常為白葡萄酒。不過最近為了反映喜好的多樣化，已經不限定只能提供白葡萄酒。

肉料理

肉料理的刀叉在擺置的餐具當中，算是最大的。

握刀時需要力道與安定感，因此拿刀的時候大拇指與食指必須緊緊壓住刀刃根部才行。

如何切牛排

叉子壓住肉，食指緊緊壓住刀柄後，將肉拉切成一口大小。

切肉的時候從左端開始，一邊切成可以一口食用的大小，一邊用叉子叉起來食用。有的人習慣一口氣把肉切好，或者是先切成兩三塊後再改用右手拿叉子叉肉來吃。可是一口氣把肉全部切成小塊的話，切好的肉不但會變涼，肉汁還會從切口流失，破壞肉的美味。因此在享用佳餚的時候，一定要慢慢地，而且吃得津津有味才對。

配菜中的蔬菜如果太大片的話，就先切成兩半，其中一片從左端一點一點地切好之後，再用叉子叉起來，或者是放在叉腹上食用。如果是義大利麵之類的配菜，就用右手

如何吃串烤菜

鐵串因為還很燙，因此要用餐巾按住拿好，一邊稍微轉動鐵串，一邊用叉子把肉卸下之後再食用。

拿起叉子捲起來吃。

這時候提供的飲料是充滿苦味、酸味與澀味的紅葡萄酒，好將肉的絕美風味整個提引出來。有時還會提供sherbet（摻酒的冰沙）讓客人清清口。

雞肉料理

像烤雞之類的雞肉料理通常都會帶骨，但是只要沿著骨頭切下去的話，就能夠把骨頭與肉切開。同樣地，這也是從左邊切成一口大小之後再食用。

如果是串在鐵串上的雞肉料理，就用叉子壓住肉，右手把鐵串拔出

如何吃烤雞

雞肉帶骨的話先用刀子將雞骨與雞肉切開；切好之後再從左邊把雞肉切成一口大小享用。

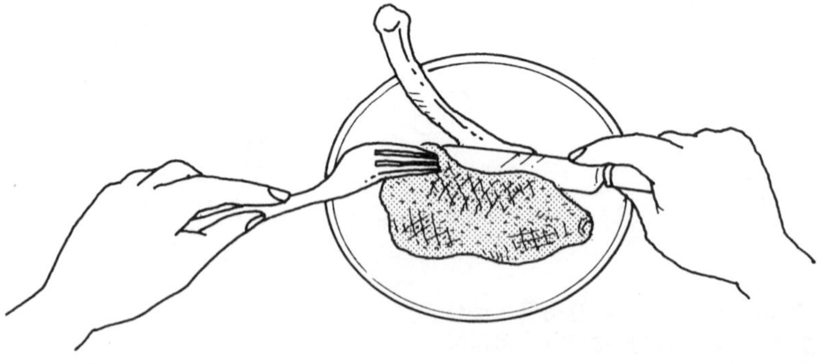

來之後放在盤子的外側，再用叉子把肉叉起來食用。

沙拉

肉料理上桌之後，接著左側會端出沙拉。在西式料理當中，擺好定位的餐盤絕對不可以擅自移到別處。

端出的沙拉小盤會擺在左側麵包盤的前方；如果有提供飯的話，就會擺在飯盤的外側。

沙拉盤因為擺在離手邊較遠的地方，所以吃的時候要特別注意，盡量不要讓沙拉淋醬滴落在餐桌上。

如何吃沙拉

像萵苣那樣葉片較大的蔬菜可以一邊用刀叉壓住菜葉，一邊折成一口大小之後再食用。

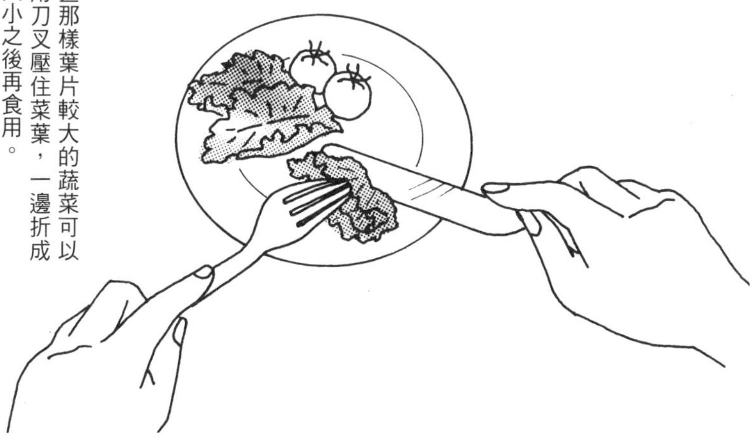

先在主菜盤的角落挪出一些空間，一口一口地把沙拉移到那裡，接著再用叉子送至嘴裡。至於用左手壓住盤子，改用右手拿叉吃沙拉則是簡式吃法。

起司

起司不是前菜，而是被歸類為點心類。當肉料理上桌之後，接著就會進入甜點類，而起司就扮演著銜接這兩個部分的角色。

起司通常會放在起司盤後再端出，不過有的餐廳則是以推車的形式送至客席旁。這時候從各式各樣的起司當中分取二至三種喜歡的口味，而且只拿吃得下的分量。拿了之後因為口味不合，或者是味道過於強烈而吃剩的話，都是有違禮儀的舉動。

點心套餐

進入甜點之後，從麵包到目前端上桌的東西全部都會收拾乾淨。到這個階段會正式進入席間致詞（Table Speech）。

甜點

點心分為水果與甜點。

甜點屬於甜味類，可分為奶酪之類的冰涼點心、舒芙蕾之類的溫熱點心、冰沙或冰淇淋之類的冰冷點心，以及蛋糕類這四種。最近這些點心有時還會搭配水果一起盛盤上桌。

如果是冰淇淋的話，一定會附上威化餅或手指餅乾。威化餅是為了讓吃了冰淇淋而變得冰冷的舌頭感覺恢復正常而附的。右手拿起湯匙，挖起兩三口冰淇淋來吃之後，就將拿在左手的威化餅放入嘴裡咬一口，交互食用。

甜點類最常提供的就是蛋糕。蛋糕的造型雖然琳瑯滿目，但以三角形的蛋糕最容易食用，只要用叉子從尖端開始吃，這樣就不會破壞整個外形。

如何吃冰淇淋

將隨同冰淇淋附上的威化餅或手指餅乾拿在手上，以一口冰淇淋、一口餅乾的方式交替食用。

洗指碗

洗指碗端來時，會放在鋪上一層小餐巾（doily）的點心盤上，這是吃完水果之後用來洗手。因此當洗指碗端上桌時，先靜靜地以滑動的方式推到左側，並且等待水果上桌。

水果吃完之後將盤子移到旁邊，洗指碗挪到正前方，單手將指尖稍微沾濕洗淨後，再用餐巾擦拭乾淨，絕對不可以用洗指水的小餐巾擦。

遇到要用手直接食用的料理時也會提供洗指碗，這是為了讓人洗淨弄髒的指尖或者是消除異味。基本上洗指碗裡頭裝的是冷水，不過有時會提供溫水或者是在水裡放片檸檬片。這碗水並不是飲料，不能端起來喝。餐巾如果沾上水果汙漬的話會非常不容易洗淨，因此指尖一定要先用洗

如何使用洗指碗

使用洗指碗時只要指尖稍微搓洗，接著再用餐巾擦乾就好。

指碗的水洗淨之後，再用餐巾擦拭。

水果

洗指碗端出之後，盛放在水果籠或水果盤裡的水果就會上桌。這時候取一樣自己喜歡的水果，並且放在上述的點心盤裡。

有些水果會用到刀叉，不過有些卻可以直接用手取食。

接下來介紹幾種具代表性的水果吃法。

●哈密瓜

在所有水果當中，最受歡迎的就是哈密瓜。吃的時候必須用到刀叉。

如何吃哈密瓜

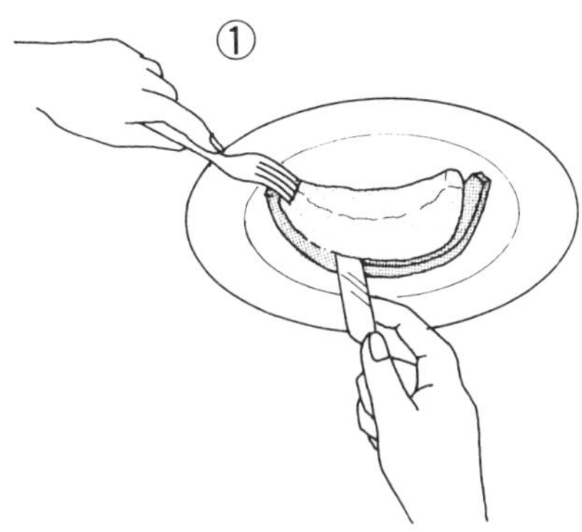

刀子從右邊刺入果皮與果肉之間，但不要完全切開，尾端要稍微保留一些。

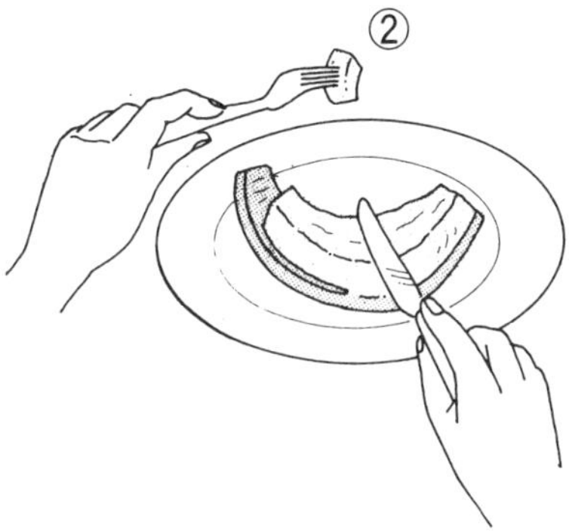

將哈密瓜轉動半圈，讓劃入切痕的那一側朝左之後，再一口一口地切下來食用。

叉子先刺入果肉左端，壓緊之後刀子刺入柔軟的果肉與堅硬的果皮之間並且把果肉切開。切的時候不要整塊果肉都切斷，最後要留下一些；左右轉半圈讓哈密瓜的位置顛倒過來之後，再從左側依序切成一口大小食用。

哈密瓜吃完之後果皮朝內側翻過來，刀叉併攏擺在果皮內側即可。

當哈密瓜的上頭擺片生火腿，當作前菜端上桌時，生火腿可以先放到內側，用刀叉切成適當大小；接著哈密瓜就參照上述的方法切成小塊，並且以一口哈密瓜、一口火腿的順序交替食用，如此一來哈密

如何吃蘋果

②

剩下的一半再切成兩半，削皮去芯之後再分切成一口大小。

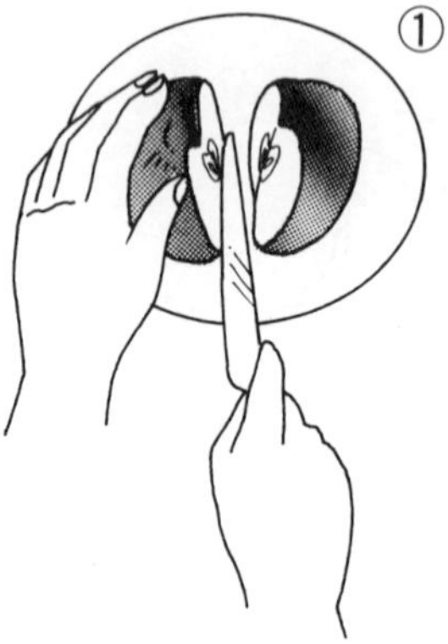

①

刀子將蘋果壓在盤子上縱向切成一半，但盡量不要發出聲音。

瓜甜蜜的果味與生火腿的鹹味就能夠均衡地融合在一起。

●蘋果．水梨

正式的切法，是用叉子緊緊壓住之後，再用刀子切成四塊，不過通常都會用左手壓住固定後，再用刀子從上方對切。這時候如果一刀切到底的話，盤子會因為觸碰到刀子而發出聲音，所以當快切到底的時候，就將刀刃朝左右其中一邊倒，把水果分成兩半。每一半邊再以相同方式切成兩半，其中一塊拿在左手上，用刀子削皮去芯後，切成一口大小，最後再用叉子叉起來，或者是用手拿起來吃。

如何吃香蕉

①

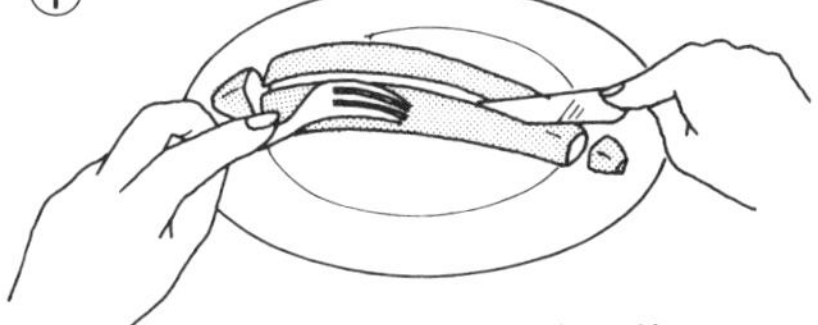

將香蕉的頭尾兩端切落，刀子在果皮的中央劃入一條切痕。

②

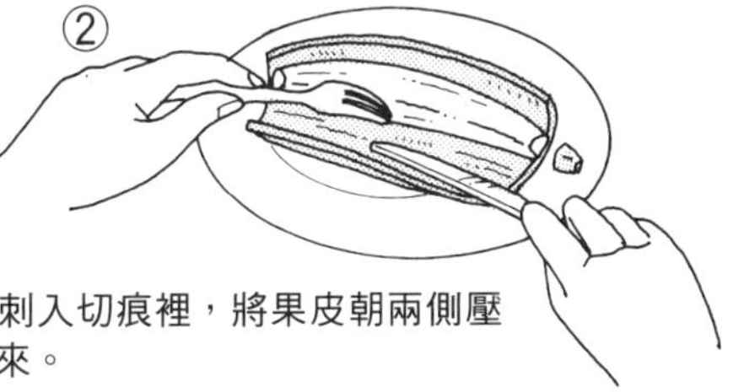

刀子刺入切痕裡，將果皮朝兩側壓攤開來。

③

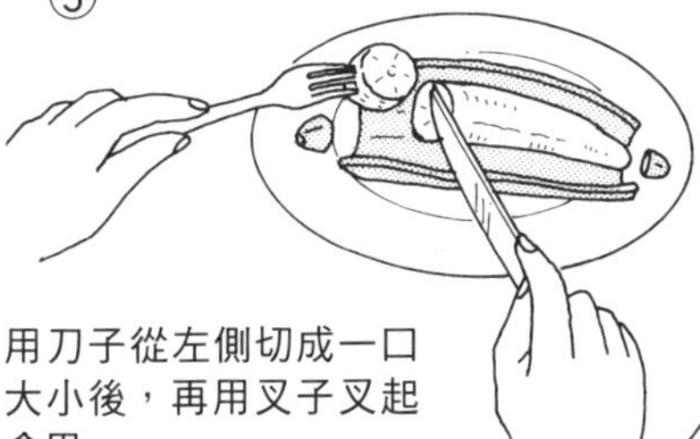

用刀子從左側切成一口大小後，再用叉子叉起食用。

●香蕉

香蕉通常都會先將兩端切落之後再上桌，如果沒有的話先用叉子叉住固定，再用刀子將兩端切落。接下來將香蕉橫放，刀刃前端從果皮的正中央刺入與香蕉皮相同厚度的深度後，從左至右切出一條切痕，再從切痕處將果皮朝內外兩側壓攤開來；叉子直接在果皮上從左側叉入香蕉裡，用刀子切成一口大小後再食用。吃完之後不要直接放著，記得要將果皮折回原狀。

咖啡・紅茶

當端出咖啡或紅茶時，就代表整個套餐已經步入尾聲。

咖啡可分為普通咖啡與利用特別的機器沖泡的義式濃縮咖啡。如果是濃縮咖啡的話，通常會盛入小咖啡杯（Demitasse）後再上桌。

咖啡的杯耳在左側，咖啡匙在杯子的內側，也就是咖啡盤的右側。不過有些餐廳會把咖啡匙橫放。

加入固形的砂糖時，先將砂糖放在湯匙上，一邊用左手輕壓杯耳，一邊讓右手的咖啡匙靜靜地沉入杯中，將砂糖攪至溶化。攪拌好了之後，再把咖啡匙放在咖啡杯的外側。

至於奶精則是等到砂糖放入攪拌，咖啡朝同一個方向流動時再靜靜注入，如此一來奶精就會自然而然地融入咖啡裡，這是咖啡最美味的品嘗方式。

咖啡通常會連同咖啡盤放在餐桌上，喝的時候用右手拿起杯子飲用即可。如果是小咖啡杯的話，就用食指與大拇指輕輕地夾住杯耳再拿起。咖啡杯連同咖啡盤整個拿起來的話，僅限於像大廳或者是自助餐派對等沒有地方放置器皿的場合。

紅茶端出的時候，湯匙上通常都會擺上一片檸檬切片。直接連同湯匙放入紅茶裡，放置一段時間之後，檸檬香味就會滲入紅茶裡，這時候就可以用湯匙把檸檬片撈起，放在杯子的外側。不過這支湯匙如果會讓一起用餐的同席者看到的話，放在杯子內側（靠自己的這一邊）會比較妥當。

牛排的熟度

正式的套餐都會詢問牛排要幾分熟。而牛排的熟度有下列標示的7個程度。雖說是依個人喜好，但是想要讓肉的風味充分釋放出來的話，最美味的烤法是④的五分熟。如果忘了怎麼說，只要說「請按照一般的方式煎」，就代表是五分熟，如果說「請煎熟一點」，就是全熟。另外像「minute steak」的薄切牛排的話，就不會詢問要幾分熟了。

	（　）內是菲力牛排的標準煎烤時間。
① very rare	接近生肉的熟度。
② rare	一分熟。僅肉的表面煎出顏色，裡頭的肉雖然溫熱，卻未熟透（6～7分鐘）。
③ medium rare	三分熟。煎的時間比一分熟久一點。這種程度的熟度與五分熟比較普遍。
④ medium	五分熟。居中的熟度。可以品嘗到最棒的牛肉風味（10分鐘）
⑤ medium well	七分熟。加熱時間比五分熟久一點。
⑥ well done	全熟。充分煎熟的牛排（20分鐘）。
⑦ very well done	以接近完整的煎法，把整塊牛肉整個煎熟。

第6章

派對的禮儀

◆各式各樣的派對

派對通常會配合聚會的主旨而冠上各式各樣的名稱，最具代表性的派對有：

●晚餐派對

我們一天的餐飲可分為早餐（breakfast）、午餐（lunch）、晚餐（dinner）與消夜（supper）。

而以充滿社交性或儀式性的方式將一天當中最主要的正餐擴大規模舉行的午餐稱為午餐會，晚餐的話則稱為晚餐會。

迎接國賓的正式晚餐派對（主要是皇宮中舉辦的晚餐會）必須穿著符合該場合的服裝，例如男性要穿燕尾服，女性要穿晚宴服；和服的話，則以白領全身中衣（白襟長襦袢，shiroeri-nagajyuban）、繡有家紋的和服（未婚者為長振袖和服）搭配布木屐。邀請函上如果寫著「White tie」（白色領帶）的話要穿著燕尾服，如果寫著「Black tie」（黑色領帶）的話，就要穿著禮服。

參加一般舉行的晚餐派對時，穿著適合該宴席的服裝出席是禮儀，甚至連女性的手提包也要盡量避免爬蟲類製（例如蛇或蜥蜴）的材質。

●雞尾酒派對

雞尾酒派對通常採自助式（立食）的方式，宴會舉行時可以隨時自由出席或是離席，氣氛非常輕鬆自由。

這是來自美國的派對方式，通常從傍晚五點左右開始。擺在餐桌上的有前菜、三明治、雞尾酒、啤酒與非酒精飲料，菜色內容大多以飲料為主。一般來說，這種派對會在中午過後至傍晚這段時間舉辦。

●茶會派對

喝茶的時間有早餐前（early morning tea）、上午十點（morning tea）、下午三點（afternoon tea）與用來替代晚餐的喝茶時間（high tea）等時段。

對於日本人來說或許有點陌生，但是在這當中利用為茶會派對的，通常是下午三點的下午茶。也就是提供不含酒精的紅茶、咖啡與非酒精飲料，以及餅乾、三明治與蛋糕的派對。

●花園派對

通常是中午過後在戶外或庭院裡舉辦的自助式派對。

自助式餐桌上會提供前菜、三明治、雞尾酒、葡萄酒、啤酒、非酒精飲料與冷酒，有時還會陳設關東煮、烤雞肉串甚至是壽司等攤子。

受邀的客人可以自由吃喝飲食。這種派對方式通常被作為同歡會、賞櫻會、慶祝會等派對。

有時戶外茶會或演奏會也會舉辦這類派對。服裝方面如果沒有特別規定的話，穿著一般的服飾參加即可。

◆自助式派對（立食派對）的禮儀

料理的排放方式

自助式派對的會場會隨著人與生俱來的習性來設置。除了以右撇子居多之外，人只要一踏進入口，通常都會習慣性地朝右側移動。因此食物台（料理台）一般都會設在入口朝右的地方。

提供的料理方面，如果是法國料理的話，幾乎都是順著整組套餐的菜色端出，就連菜餚的擺置也是依序從前菜排到水果。

當派對參加人數超過百人時，料理台的陳設就會如同左圖，也就是從入口處的前菜A開始，並且朝正面的上座依序擺置套餐菜色，直到水果F為止。另外一側也是按照套餐的上菜順序，從正面朝反方向擺置料理。至於甜點套餐的料理，有時會另外設置一個專區擺放，不過通常會因會場、人數與費用而有所差異。

原則上自助式派對是不提供座位席的。如果因情況需要而設置座位席的話，通常會擺在會場的角落。這個座位席又稱為「博愛座」，不妨將它視為是為了有需要的人士而準備的。

自助式派對的設置方式

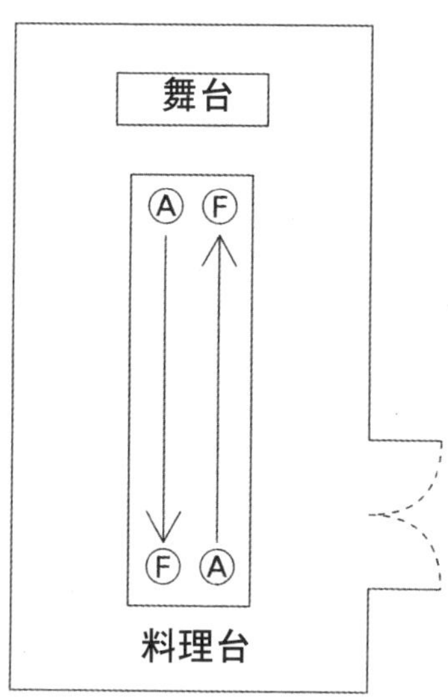

料理台靠入口處會依序從前菜A擺到水果F，另外一側則是相反。

如何拿取飲料．料理

●料理台先巡過一回再拿餐盤

參加自助式派對時，有時休息室會提供餐前酒，有時則是在會場入口處將飲料端給客人，以示歡迎。

單手拿著這杯飲料，一邊與其他受邀客人點頭致意，一邊慢慢眺望料理台的菜色，巡過一回之後，再將餐盤拿在手中。一踏進會場，就像是在與他人競爭般急著端起盤子，拿取食物是個非常不雅的舉動。這時候要注意的是，男性必須等到女性夾取二至三道菜到盤裡之後才能夠拿餐盤。總之所有的派對都是女士優先。

記住，這樣的自助式派對是一個與眾人溝通交流的社交場合。

●如何拿餐盤

餐盤用左手的大拇指、食指與中指這三根手指拿。大拇指壓在上方的盤緣，食指與中指略微張開，支撐在餐盤盤底。需要同時拿著餐盤與杯子時，一邊用上述三根手指拿著餐盤，一邊將杯子放在手掌上，並用無名指與小指支撐。筷子或叉子可以放在盤子的正中央，或者是用大拇指夾在盤子上。

餐盤、杯子、叉子都只能拿在左手上，右手是要用來握手或者是拿取餐巾紙，因此除了用餐，其他時候都要盡量空著。

●餐盤拿兩個就好

餐盤視情況拿取兩個，一個用來夾放冰冷食物，另一個用來夾放溫熱食物，這才是最聰明的吃法。

如何拿飲料與料理

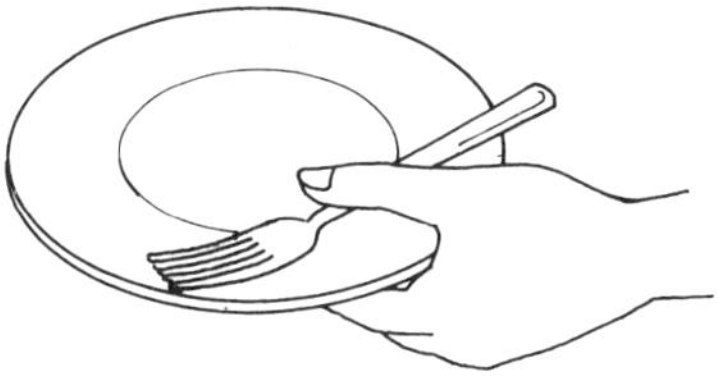

叉子放在餐盤內側，用大拇指壓住後單手拿起。使用左手是基本禮儀。

連同飲料一起拿時，要將杯子放在手掌上，大拇指、食指與中指三根手指以夾的方式拿著盤子。

不要在同一個盤子裡放太多食物，盡量把溫熱的食物與冰冷的食物分兩盤拿取。

按照一般套餐進行的順序，通常會從冰冷的食物開始食用；吃完之後換個餐盤，以夾取溫熱的食物，盡量避免在同一個盤子裡擺放冰冷與溫熱的食物。另外，需要淋上醬汁的食物也不要與其他料理一同盛入一個盤子裡。

夾菜的時候盤子裡只夾二至三道菜。料理夾取時並沒有限制次數，就算麻煩，也不要在盤子裡夾取大量食物。即使是熟人舉辦的派對，夾菜時也不要連同他人的分量一起夾，因為這樣有違禮節。

●洗手間一次，飲料以五杯為限

有一點需要注意的，那就是在將近三小時的派對上，中途退席一次可以允許，但是超過兩次的話就算是違反禮節了。

飲料雖然可以自由續杯，但是一個人以五杯為限。喝過量的話，無論身體有多健康，還是會想要坐在「博愛座」上休息，而洗手間也以一次為限。

自助餐菜單範例

〔西式自助餐〕
Hors-d'œuvre variés（前菜拼盤）
Saumon fumé au citron（燻鮭魚）
Teerrine maison（自製法國派）
Homard froid en salade（龍蝦沙拉）
Côte de bœuf rôtie froid（烤牛肉）
Salade de saison（沙拉）
Entremet（點心）
Fruits de saison（水果）
Pain et beurre（麵包與奶油）
Gigot d'agneau, sauce basilic（烤羔羊腿肉）
Fruits de mer au gratin（焗烤海鮮）
Beef Stroganoffe（俄式酸奶牛肉）
Blanquette de veau a l'ancienne（奶汁牛小排）
Escalope de veau a l'avocat（炸肉片附酪梨）
Café（咖啡）

〔日式自助餐〕
生魚片（Assorted fresh fish）
前菜拼盤（Assorted hors d'œuvre）
魚寶樂燒（Assorted boiled fish）
蒸煮香草嫩雞肉（Steamed chicken in herb flavor）
醋拌青花魚（Sliced mackerel in vinegar and sugar）
章魚沙拉（Boiled octopus and vegetables）
滷豬肉（Deep-boiled pork with sweetened shoyu）
蔬菜煮鯡魚（Boiled herring and vegetables）
蝦子吉野煮（Boiled lobster）
生烤鰹魚（Fresh bonito in vinegar and vegetables）
綜合天婦羅（Assorted fried foods）
炸什錦肉串（Deep-fried foods on bamboo skewers）

小攤（Food stand）
江戶前壽司（Sushi）
烤雞肉串（Broiled chicken）

西式料理主要詞彙一覽表

	（中文）	（英文）	（法文）
宴會相關	餐桌	table	table
	宴會	banquet	banquet
	早餐	breakfast	petit déjeuner
	午餐	lunch	déjeuner
	晚餐	dinner	dîner
	消夜	supper	souper
	菜單	menu	carte
	菜餚（料理）	dish	plat
	杯子	cup	tasse
	點心	dessert	dessert
	花	flower	fleur
肉類	牛肉	beef	bœuf
	牛舌	ox tongue	langue de bœuf
	豬肉	pork	porc
	羊肉	mutton	mouton
	兔肉	rabbit	lapin
	鴿子肉	pigeon	pigeon
	雞肉	chicken	poulet
	鴨肉	duck	canard
	火雞肉	turkey	dindon
	雞蛋	egg	œuf
魚貝類	海鮮	seafood	fruits de mer
	魚	fish	poisson

	（中文）	（英文）	（法文）
	鮑魚	abalone	oreille de mer
	沙丁魚	sardine	sardine
	龍蝦	lobster	langouste
	明蝦	prawn	grasse crevette
	鰻魚	eel	anguille
	螃蟹	crabmeat	crabe
	鮭魚	salmon	saumon
	鱒魚	trout	truite
蔬菜類	蔬菜	vegetable	légume
	南瓜	pumpkin	potiron
	高麗菜	cabbage	chou
	甘藷	sweet potato	patate douce
	馬鈴薯	potato	pomme de terre
	洋蔥	onion	oignon
	玉米	corn	maïs
	松露（黑菌）	truffle	truffe
	胡蘿蔔	carrot	carotte
	大蒜	garlic	ail
水果類	水果	fruit	fruit
	草莓	strawberry	fraise
	柳橙	orange	orange
	櫻桃	cherry	cerise
	水梨	pear	poire
	葡萄	grape	raisin
	橘子	tangerine	mandarine

	哈密瓜	melone	melon
	水蜜桃	peach	pêche
	蘋果	apple	pomme
食物與佐料	米	rice	riz
	燉肉	stew	ragoût
	麵包	bread	pain
	火腿	ham	jambon
	香腸	sausage	saucisse
	佐料	condiment	condiment
	醋	vinegar	vinaigre
	鹽	salt	sel
	胡椒	pepper	poivre
	奶油	cream	crème
飲料與其他食物	水	water	eau
	冰塊	ice	glace
	啤酒	beer	bière
	葡萄酒	wine	vin
	威士忌	whisk(e)y	whisky
	白蘭地	brandy	eauo-de-vie
	咖啡	coffee	café
	紅茶	black tea	thé noir
	起司	cheese	fromage
	果醬	jam	confiture
	牛奶	milk	lait
	醬汁	sauce	sauce

中式料理篇

與日式以及西式相比，圓桌上擺滿大盤菜的中式料理餐桌禮儀顯得簡單多了，不過維持愉快的用餐氣氛，不讓鄰座者感到不悅的宗旨卻不變。雖然是從大盤菜中各自夾取菜餚，故並沒有所謂的規定吃法，但是還是要有所節制才行。所以就讓我們先充分了解中式料理的用餐要點吧。

第7章

中式宴會的基本禮儀

◆北京．上海．廣東．四川　中國四大料理的特色

中國不僅擁有四、五千年的悠久歷史，就連廣闊的國土也將近日本的二十幾倍。而歷史文化古老傳統的中國對日本文化與飲食的影響更是難以計數。

在這片寬廣的國土上，每個地區的氣候與風土等自然條件均截然不同，從食材、飲食生活到地方菜也理所當然地各具特色。從如此寬闊的國土與悠久的歷史當中，文化會越趨發達，飲食生活也會日益改善，進而促使菜餚品質的提升與變化。

與四面環海、四季變化分明的日本不同的是，中國因為國土寬闊，食物必須經過長途搬運或具保存性，進而孕育出種類豐富、世界罕見的乾燥食品。藉由氣候與生活條件相異的民族文化交流，烹調技術也可說是越來越進步。

這就是從烤與煮這些原始的調理法當中，衍生出今日繽紛多樣的烹調方式，孕育出在世界上堪稱最高級料理之一的現代中國料理。

日本隨處可見的「中國料理」是從明治時代開始的，而且近年來有越來越多的趨勢。

試著將面積廣泛的中國大陸區分為東西南北，現今傳入日本、人人熟悉而且具有特色的中國料理，可說是代表了這四個地區。

想要孕育出美食與美酒（飲料），除了新鮮食材，另外一個關係密切的，就是「好喝的水」。

將中國大陸劃分為東西南北這四大地區時有個共通點，那就是「水」，因為這四個地區均有大河流貫其中。

試著觀察美食與水的關聯性，北邊的黃河流域有北京（系列）料理，貫穿中國大陸中央的長江（上游）以西是四川料理，以東（河口）是上海（南京）料理，而南邊的珠江流域則有廣東（系列）料理，這些料理可說是代表各個地區的菜系。

中國全境光是誕生在該土地與都市的知名料理就至少有十六個菜系。而在日本扎根、為人熟悉的知名中國料理就是以代表這四大地區的四大菜系為基礎。

堪稱代表中國大陸四大地區的四大菜系特色分別如下：

●北京料理

北京料理是以中國首都北京的宮廷為中心發展的料理。使用火力強大的石炭與炒、炸等方式烹調而成的料理特色是風味濃厚。最知名的就是北京烤鴨。

●上海（南京）料理

位在中國中部的大都市南京與東部的國際都市上海孕育而成的料理，而日本常見的中國料理，就是這個上海料理。面海的緣故，讓上海料理的魚類烹調法十分發達，並且以善用鹽味的烹調方式為特色。

據說將中國料理傳播到世界飲食文化當中的，就是這個地區的華僑。

●廣東料理

孕育出廣東料理的廣州位在中國南部，物產豐富，自早即以國際都市之姿發展至今日。加上與歐美交流的時間早，因而深受其影響並且採納西式的烹調方式，在菜餚當中加入了洋菜與蕃茄醬。「食在廣州」這句話讚揚著天下美味都聚集於此，從貓、狗與蛇肉料理，到山珍海味、奇特食物與怪異食物均相當有名。

廣東料理以善用食材原有風味為特色，而且調味清淡不膩。

●四川料理

四川料理的發祥地是四川省。位在中國西部大陸的四川並不靠海，而是位在長江的上游，氣候溫和，自然條件優越，土地肥沃、物產豐富。食材方面除了牛、豬、羊，亦常用蔬菜與河魚。

地處內陸的四川並不如其他料理般充滿山珍海味，卻擁有出色卓越的烹調技術與調味方式。

據說素食料理的發祥地也是四川。另外風味辛辣的醬菜、四川泡菜與榨菜亦頗負盛名。

四川自然條件優越的土地與悠久的歷史孕育而出的成熟文化使得烹調技術也跟著大有進步，進而發展成今日的高級料理。

總而言之，中國料理是憑靠著改進烹調技術與器具發展成享譽世界的美食。而最大的特色，就是站在合理的立場考量烹調器具與食材，並且採取不會造成浪費、經濟實惠的烹調方式。因此我們可以說中國料理重視「風味」勝於注重造型與色彩。

◆中國料理的飲料與菜單

●老酒

中國具代表性的酒——老酒（紹興酒）在日本無人不知、無人不曉。老酒的酒精濃度比日本酒（清酒）高，故日本人在喝的時候，有時會加入一些砂糖在酒杯裡。

●菜與點心

菜單又可稱為菜譜或菜單子。

另外，「菜」也是料理的總稱。中國料理大致可分為「菜」與「點心」，所有的料理均稱為菜，至於可以當作中間餐點或簡單的糕點式甜味餐點則稱為點心。

●前菜

宴會第一道端上桌的料理，等同於日本會席料理中的「お通し」與「前菜」。這道前菜分

如何喝老酒（紹興酒）

喝老酒的時候不需要咕嘟咕嘟地一飲而盡，盡量一小口一小口地啜飲。

為冰冷的冷盤與溫熱的熱盤。中國料理大都以溫熱的菜餚為主，因此只要提到冷盤，指的通常就是這道冷盤。中國料理的前菜與日本會席料理的前菜一樣，是為了促進食慾、炒熱宴會氣氛的下酒菜，也是在主菜上桌之前讓賓客夾取享用的菜餚。

●大菜

盛裝在大盤子或大碗裡的菜餚。這第一道上桌的菜稱為頭菜，而且菜色內容決定了宴會料理的格調，堪稱宴會的最高級料理。第二道上桌的是雞、鴨肉料理、魚肉料理與其他肉類料理，如果是豪華宴會料理的話，通常會有八到十二、三道菜。

●湯菜．甜菜

宴會料理（大菜）快進入尾聲時，會端出有湯的湯菜與甜味的甜菜。

●點心

所有的菜都上完時，點心就會上桌。點心通常為簡單餐點或糕點類，有些宴會會在上菜的中途端出點心。

◆開宴前的禮儀

在等候室的禮儀

宴會開席前受邀到等候室時，要先向主人或者主人那一邊的人表達謝意或祝賀，接著與已經到達的客人打招呼之後再就座。如果是在休息室的話，可以一邊自由休息，一邊與其他客人交談。

休息室裡有時會提供熱毛巾與茶。熱毛巾與日本的手巾一樣，頂多用來稍微擦手與手指，不停地擦臉或脖子可是有違禮節的。

如何品飲中國茶

品茶的時候先稍微點頭致意，略微推開茶碗蓋，右手食指放在蓋底，將茶倒入茶碗或茶杯裡品嘗。如果沒有其他茶碗或茶杯的話，就直接端起來喝。這時候茶碗裡還有茶葉，故右手的食指與大拇指要放在茶碗的碗緣，捧在左手上，蓋子稍微推開就好，不須掀開，喝的時候一邊注意不要喝到茶葉，一邊靜靜地飲茶。

想要加熱水時就把蓋子掀開。蓋子掀開，茶碗直接放在桌上代表要加水，服務生如果看到就會幫忙注入熱水。

如何就座

「宴席」通常會與宴會料理混淆，而這裡是將料理宴席稱為宴會席。宴會席的餐桌為圓桌，通常可坐八人，正中央有個轉盤。有時會因為人數關係而改用方桌。

一同就座時，設宴的主人會告訴大家這次設宴的宗旨，並且對受邀者表達謝意，接著再代表所有與會者向主賓致意。

至於餐巾則是要等到所有致詞都結束之後再拿下，並且攤放在膝上。

◆如何品嘗中式料理

關於餐具的擺置

中國人稱宴會料理為宴席，而且在舉辦這類宴席（宴會料理）時如果十分豪華，菜色通常會豐富到吃都吃不完，因此大家都會習慣把剩下的菜餚當做伴手禮打包帶回家。一般的宴會席每桌的菜會盛在一個大盤子裡，由客人各自分取食用。每個人餐桌上的個人餐具有筷子、筷架、酒杯、小碟子、平盤或深盤，還有調羹與菜碟。

在招待的宴席上主人會向客人推薦喜歡的飲料。酒類方面通常會邀請客人酌飲味澀的老酒，不能喝酒的人就算是假裝淺嘗一口也無妨，這樣才能夠表現出對主人的謝意。

服務生把菜端上桌時，要從主人開始夾菜，而不是主客，因為中國從以前就習慣由主人先嘗一口，確定菜沒有毒之後才會向客人勸菜。另外長的象牙筷與銀製餐具因為會對摻毒的食物立刻產生反應，故自古以來也用來預防他人下毒暗殺。

如何分取菜餚

菜餚從前菜就可以用筷子直接夾取。前菜不需要夾到菜碟裡，直接用筷子從大盤夾入口中即可。

當下一道菜上桌時，主人先動筷子，再說聲「請」勸客人夾菜。而客人從這道菜開始，就可以把菜夾到菜碟裡食用。

餐桌的正中央有個轉盤，這樣客人在夾菜的時候會更方便。轉盤的轉法雖然沒有特別規定，但以順時針（朝右轉）最為普遍。菜餚方面通常會盛入一桌人數的分量，所以剛開始先夾少許

中華宴席的餐具擺置

①筷子、筷架
②菜碟
③小碟子
④調羹
⑤酒杯
⑥杯子

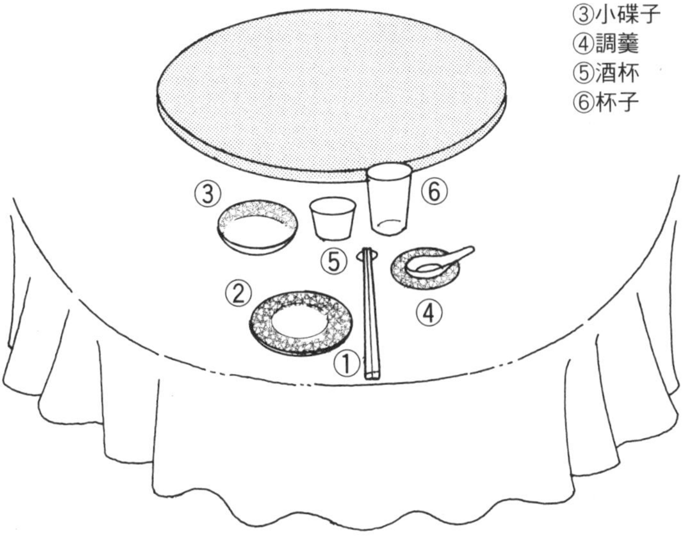

如何夾菜

轉盤通常往右轉。自己的分量夾好之後再轉給鄰座的人。

如何使用公叉母匙

使用公叉母匙時，叉子盡量把菜放在湯匙上，夾到菜碟裡之後，再將公叉母匙放回大盤子裡。

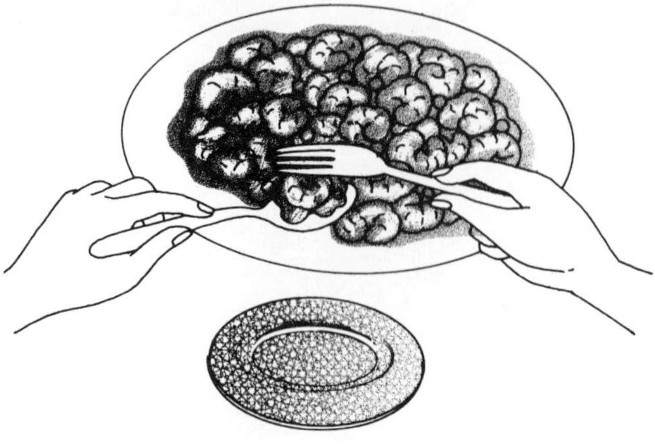

在菜碟裡，等整桌的人都夾過菜，而且裡頭還有剩時，之後夾幾次就無妨了。

分取料理時要注意的是不要把轉盤上的大盤子拿起來。不想讓菜掉下來的話，就盡量把自己的菜碟拿靠近一些。另外，附有公筷或公叉母匙時，就用這些餐具來夾菜。使用公叉母匙時，將右手的叉子把菜放到左手的湯匙上，這樣菜會比較好夾。

如果是有好幾種菜的拼盤時就要平均分取，冰涼的菜與溫熱的菜等風味截然不同的料理盡量不要同盛在一個盤子裡。

遇到要撒佐料或沾辣椒醬油的油炸菜時先用自己的筷子把菜夾起來，再把佐料或芥末醬油沾在菜上面吃。

筷子不要整個放入嘴裡，這是用筷的禮節。與日式料理一口一口吃的會席料理不一樣的是，中國料理的所有菜並不是只用筷子就可以，像是帶殼的鮮蝦料理或者是帶骨的雞肉料理通常都會用手食用。而吃完之後剩下的骨頭不要放在自己的菜碟裡，要放在連同菜餚一起上桌、專門用來放骨頭的

如何吃蝦

帶殼的蝦子與北京烤鴨可以直接用手拿起來吃。

盤子裡。

像這樣不能吃的骨頭或殘骸在中國當地習慣視情況丟在自己的腳邊，因為中國人認為客人回去之後餐桌底下越髒，就代表客人對於滿桌的高級料理非常滿意。

●飯・湯麵

菜上得差不多時，飯或粥就會端上桌。端上來的如果是飯的話，通常會附湯與醬菜。日本人不喜歡把湯倒到飯裡吃，不過中國人卻會把熱湯淋在熱呼呼的白飯上攪來吃。如果是有湯的湯麵，就用筷子撈起麵，放在拿在左手的調羹上，吃的時候要注意別讓湯汁滴落。

不過想要喝湯時器皿不可以直接就口，要用調羹把湯舀起，而且喝的時候不可以發出聲音。

餐後筷子的擺法

不管是美食還是飲料，都已經飽足一番或者是不得不中途離席時，就將拿在右手的筷子由左至右畫一個圓並說「滿滿」，再將筷子縱放在旁，就代表用餐完畢，盡量不要大聲地跟鄰座的人說自己要中途退席。

如何使用調羹

＜吃湯麵時＞

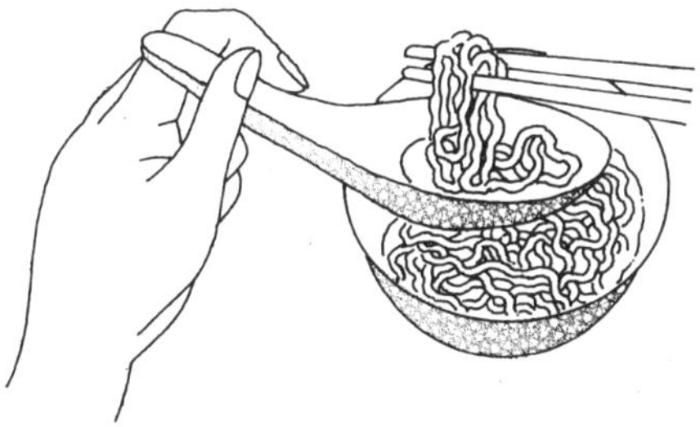

吃湯麵的時候也要用到調羹。用筷子撈一口麵放在調羹上後再食用。

＜喝湯時＞

湯放在桌上，用調羹舀起湯，連同湯料一起食用。

如何吃點心

＜包子類＞

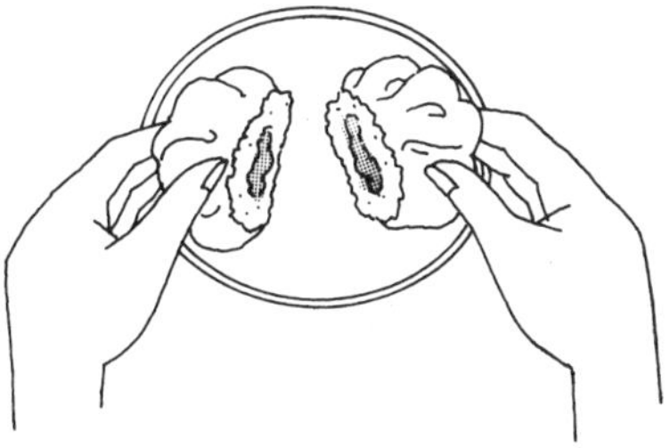

用手從中間將包子剝成兩半，撕成容易食用的大小之後再放入嘴裡。

＜春捲＞

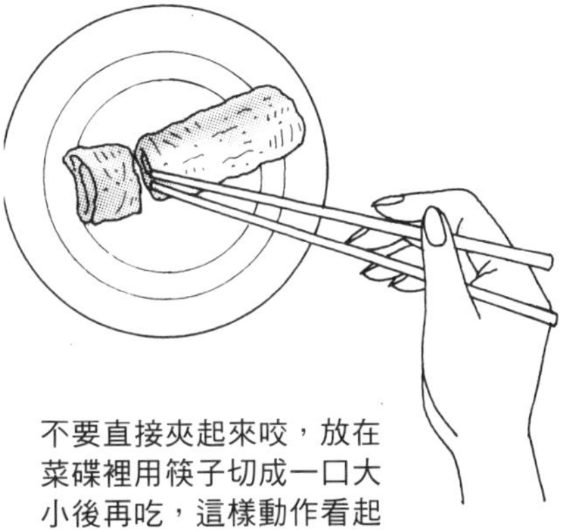

不要直接夾起來咬，放在菜碟裡用筷子切成一口大小後再吃，這樣動作看起來比較優雅。

◆用餐中的禮儀

中國料理的用餐禮儀和規矩與日式料理以及西式料理一樣，都要特別注意不要造成他人的不悅，盡量讓同席的人感覺優雅整潔。

中國料理是讓同席者用自己的筷子與湯匙共享盛在同一個器皿裡的料理，因此不將器皿拿在手上是基本禮儀。讓同席者用自己的筷子與大家分享同一盤菜不但可以加深人際關係與親密感，同時還能夠表現友誼，更是對客人的熱情招待。

中式料理的吃法與喝法比較自由，不受拘束。但是為了不讓同席者感到不快，用餐時還是要盡量遵守下列幾項規則：

- 湯汁類要用自己的湯匙或調羹，但是喝湯的時候不要發出聲音。
- 要用自己的筷子來夾菜碟裡的菜，但是為了避免他人感到不愉快，筷尖盡量不要整個伸入嘴巴裡。
- 盛在大盤子裡的料理不可以用自己的筷子一直在裡頭翻攪或者是夾出最裡面的菜。
- 已經咬過的菜不可以再沾佐料或調味料。尤其是用嘴撕過或嚼了一半的菜禁止再沾調味料。

- 不能吃的雞骨、蝦殼或蝦尾放在專門用來放骨頭的盤子（缽）裡，不要放在自己的菜碟上。
- 宴席上盡量聊些愉快的話題，享受一頓快樂的餐點，不要讓同席者感到不愉快。政治、宗教與炫耀之類的話題要避免。

國家圖書館出版品預行編目 (CIP) 資料

圖解中日西式餐桌禮儀 : 從餐具的擺置及使用，到葡萄酒的選擇與品嘗；120 張圖片 29 大主題詳盡解說，快速掌握各式餐桌禮儀重點 / 市川安夫著 ; 何姵儀譯 . -- 三版 . -- 新北市 : 遠足文化 , 2019.10
譯自：和食・洋食・中国料理のよくわかるテーブルマナー BOOK
ISBN 978-986-508-030-3 (平裝)

1. 餐飲禮儀　2. 社交禮儀

532.82　　108013820

圖解中日西式餐桌禮儀：

從餐具的擺置及使用，到葡萄酒的選擇與品嘗；
120 張圖片 29 大主題詳盡解說，快速掌握各式餐桌禮儀重點

和食・洋食・中国料理のよくわかるテーブルマナー BOOK

作者——市川安夫
譯者——何姵儀
執行長——陳蕙慧
總編輯——郭昕詠
校對——陳佩伶
行銷總監——李逸文
行銷企劃經理——尹子麟
封面設計——三人創制
排版——簡單瑛設

出版者——遠足文化事業股份有限公司（讀書共和國出版集團）
地址——231 新北市新店區民權路 108-2 號 9 樓
電話——(02)2218-1417
傳真——(02)2218-1142
電郵——service@bookrep.com.tw
郵撥帳號——19504465
客服專線——0800-221-029
網址——http://www.bookrep.com.tw
Facebook——https://www.facebook.com/WalkersCulturalNo.1/
法律顧問——華洋法律事務所 蘇文生律師
印製——呈靖彩藝有限公司

初版一刷 西元 2014 年 05 月
三版一刷 西元 2019 年 10 月
三版二刷 西元 2024 年 10 月
Printed in Taiwan

本書為 2014 年《圖解 中・日・西式餐桌禮儀》、2016 年《完全圖解 中・西・日式餐桌禮儀：正式場合零失誤 打造滿分個人形象》之修訂版

WASHOKU YOSHOKU CHUGOKURYORI NO YOKUWAKARU TABLE MANNER BOOK
by Yasuo Ichikawa

Original Japanese edition published by ASAHIYA PUBLISHING CO., LTD.
This Complex Chinese edition is published by arrangement with
ASAHIYA PUBLISHING CO., LTD., Tokyo
in care of Tuttle-Mori Agency, Inc., Tokyo through AMANN CO., LTD., Taipei